HEYNE <

NEON

Herausgegeben von Oliver Stolle und Sascha Chaimowicz

»ICH HÄTTE GERNE EINE LSD-LEUCHTE!«

555 UNFREIWILLIG KOMISCHE DEUTSCHE GESCHICHTEN

WILHELM HEYNE VERLAG
MÜNCHEN

FSC
www.fsc.org
MIX
Papier aus verantwortungsvollen Quellen
FSC® C004229

Verlagsgruppe Random House FSC® N001967
Das für dieses Buch verwendete FSC®-zertifizierte Papier
Hello Fat Matt 1,1 liefert Condat, Le Lardin Saint-Lazare, Frankreich.

Originalausgabe 11/2014

Printed in Germany 2014
Grafik: Jan Lichte, Lena Hegger
Umschlaggestaltung: Julien Savioz, Ji-Young Ahn
Bildredaktion: Anja Kellner, Jakob Feigl, Milena Carstens
Redaktion: Martina Kix
Mitarbeit: Philipp Hauner, Mathis Vogel
Druck und Bindung: Ernst Uhl GmbH und Co KG
ISBN: 978-3-453-60330-1
www.heyne.de

VORWORT

Der Bus, der eh schon zu spät gekommen ist, steht jetzt auch noch im Stau. Eigentlich hätte man vor einer halben Stunde schon bei der Arbeit sein müssen. Und im Abteil riecht es, als hätten die übrigen Passagiere einen geheimen Pakt geschlossen, vor dieser Fahrt monatelang nicht zu duschen. Nerviger Alltag. Die beiden Mädchen, die neben einem stehen, diskutieren halblaut. Die eine lamentiert, dass sie zu spät zur Schule komme. Dann bricht es aus der anderen heraus: »Jetzt halt endlich die Klappe! Du wolltest doch unbedingt noch die Zähne putzen!«
Genau das ist ein »Deutsche Geschichten«-Moment. »Deutsche Geschichten« ist eine NEON-Rubrik, die es seit der ersten Ausgabe gibt. Für alle Erzählungen gelten zwei Dinge: Sie sind unfreiwillig

komisch und zutiefst menschlich. Weil sie die Unzulänglichkeiten, Fehler und Peinlichkeiten offenbaren, die wir alle in uns tragen. Man läuft abends an ein paar Jungs vorbei, die vor einem Club im Kreis stehen und rappen. Der eine rappt: »Ich mache Geld am Fließband.« Er hat das Wort »wie« vergessen. So sind wir halt. Jeder Mensch versucht, achtsam und möglichst konzentriert durch den Alltag zu gehen. Wir geben unser Bestes – und scheitern immer wieder daran. Das Interessante: Je ernster wir uns benehmen, desto größer ist das Komikpotenzial. Eines ist sicher: Fehlerfrei ist keiner von uns.

Viele der 555 Geschichten, die wir in diesem Buch aus über elf Jahren NEON gesammelt haben, spielen in großen Städten wie Hamburg, Berlin oder München, aber auch in Bielefeld, Buxtehude und Bad Aibling passieren Deutsche Geschichten. Unsere Erkenntnis: Die Menschen sind überall herrlich fehlerhaft und dadurch sympathisch. Jeden Tag. Jede Minute. Wahrscheinlich jede Sekunde. In ganz Deutschland. Man muss nur rausgehen und gut zuhören. Oder dieses Buch lesen.

Täglich bekommen wir Einsendungen, jeden Monat filtern wir die lustigsten und charmantesten Geschichten aus den Einsendungen heraus und veröffentlichen sie im Heft. Viele der Geschichten eignen sich wunderbar zum Weitererzählen. Auch bei uns sind sie Teil des täglichen Flurfunks. Und noch etwas Tolles kann dieses Buch: Es gibt einem das Gefühl, dass die anderen genauso bescheuert sind wie man selbst. Und dass das auch in Ordnung so ist.

Vielen Dank für eure Einsendungen über die vergangenen elf Jahre! Wir wünschen euch, dass ihr genauso viel Spaß beim Lesen der 555 besten Deutschen Geschichten aus NEON habt, wie wir ihn beim Zusammenstellen hatten! Wir freuen uns auf all die Geschichten, die noch kommen werden.

1. Mainz

Durchsage im Rewe: »Frau Heinze, ich brauch den Preis vom Geruch-Stopp-Vertreibt-Gerüchte.«

Anna Kriegsmann

2. Nümbrecht

Ein Mann bestellt sein Eis und sagt: »Einmal Strappsiatella bitte …«

Viola Kleine-Horst

3. Stuttgart

Auf der Autobahn: Im Radio läuft Werbung für ein flexibles Bausparmodell: »… weil es im Leben nicht immer nur geradeaus geht.« Dann das Navi: »Fahren Sie jetzt 180 Kilometer geradeaus!«

Daniel Dietsche

4. Dresden

Nach der Vorstellung in der Semperoper auf der Damentoilette: Eine sehr schick gekleidete Dame geht zu den Waschbecken, dreht den Wasserhahn auf und sagt: »So ein Quatsch! Hände waschen kann man sich auch zu Hause!«

Annemarie Kupser

5. Hamburg
Zwei Studenten unterhalten sich während einer Vorlesung: »Ich wette: Mindestens die Hälfte der Professoren hat eine Butze auf Mallorca oder in Italien. Oder irgendwo sonst in Spanien ...«
Verena Behrend

6. München
In einer Tankstelle bezahlt eine Frau, fragt der Kassierer: »Brauchen Sie eine Quittung?« Die Frau antwortet: »Nicht nötig, ich habe noch niemanden gefunden, der mir das Geld wiedergibt.« Der Kassierer grinst, stellt eine Quittung aus und sagt: »Weitersuchen!«
Jenny Hausmann

7. Leipzig
Die Eltern einer sechsköpfigen Familie heben Geld ab. Das Mädchen fragt seinen Papa: »Musst du das Geld aus dem Automaten bezahlen?«
Norbert Englert

8. Essen
Der Hauptbahnhof ist eine riesige Baustelle. Eine Dame der Bahnhofsmission hilft einem Blinden, den Weg zum Gleis zu finden, sie sagt: »Ich bin ja mal so gespannt, wie das hier nächstes Jahr aussieht.« Er: »Mmmh, ich auch ...«
Maike Mülders

9. Berlin
Unterhalten sich zwei Freunde. Sie: »Und, wie ist das Zusammenwohnen mit deiner Freundin?« Er: »Ach, man muss halt Kompromisse machen.« Sie: »Wie, Kompromisse?« Er: »Na, sie fand meinen Bürostuhl hässlich und wollte, dass ich ihn wegwerfe.« Kurze Pause. Sie: »Und, hast du ihn weggeworfen?« Er: »Nö.«
Franziska Langhammer

10. München

Zwei Teenies in der Schlange im Coffeeshop. Sie, vorwurfsvoll: »Ich finde das einfach echt krass.« Er: »Woher soll ich denn wissen, in welchem Bundesland Hamburg liegt!« Sie: »Aber du wohnst doch da!«

Karoline Meta Beisel

11. Köln

Auf einem Spielplatz sagt ein Kind zum anderen: »… es ist halt auch nicht mehr so wie in der guten alten Zeit!«

Ulrich Jäckle

12. Stuttgart

Zur Mittagszeit in der Kantine gibt es Kaiserschmarrn mit Mirabellenkompott: »Wieso gibt es kein Apfelmus? Meine Oma macht immer Apfelmus dazu.« Sagt der Mann vom Küchenservice: »Meine Oma macht den aber immer mit Mirabellenkompott!« Sagt ein Mann in der Schlange: »Falls es jemande interessiert: Mei Oma isch dod!«

Marie Herian

13. Berlin

Zwei Männer bestellen 50 Pizzen. Bedienung: »Zum Hieressen oder Mitnehmen?«

Jakob Kaehler

14. Konstanz

Ein Kellner kommt zu spät zur Schicht im Café: Chef: »Na, wieder auf der Mutti rumgehüpft?« Kellner: »Was, wer?« Chef: »Auf der Mutti rumgehüpft?!« – »Äh…« – Chef: »Und jetzt auch noch ein dummes Gesicht ziehen.«

Sebastian Brauns

15. Jena

Ein Fahrradkurier möchte einen Brief abgeben. Die Haustür ist verschlossen. Er klingelt deshalb bei einem Nachbarn. Eine Frau ruft aus dem Fenster: »Sie dürfen nicht bei mir klingeln! Das kostet alles meinen Klingelstrom!«

Ute Preiß

16. Bad Salzungen

Y-90
2039

17. Hamburg
In einer Grillstation sagt die Kundin: »Hallo, zwei Veggie-Burger bitte.« Gastwirt: »Boah!! Ihr könnt mich langsam echt mal alle am Arsch lecken mit euren Burgern.« – »Äh, bitte?« – »Ja, echt! Alle wollen Burger! Das ist schon der sechste jetzt!« – »Äh. Ja. Tschuldigung!« – »Dauert jetzt! Mindestens ne halbe Stunde!!« – »Ich warte einfach draußen, ja? Danke!!«
Oliver Kucharski

18. Oldenburg
Fragt eine Schülerin ihre Nachhilfelehrerin: »Sag mal, weißt du, was ›hdgdl‹ heißt?« – »Das weißt du doch bestimmt! Als ich jünger war, hieß es jedenfalls: ›hab dich ganz doll lieb‹« – »Okay, bei uns heißt es jetzt: ›hab dich gedisst du Looser!‹«
Rieke Brodé

19. Berlin
Vorm einzigen Leergutautomaten im Supermarkt bildet sich eine lange Schlange. Nur ein Mittvierziger scheint gut gelaunt: Er nimmt ein volles Radler aus dem Regal, trinkt es aus, wirft die leere Flasche in den Automaten und kassiert seinen Bon über acht Cent.
Hannes Geiger

20. Lübeck
Ein junges Paar in einem teuren Restaurant. Der erste Gang wird gereicht: eine Suppe mit Flusskrebsen. Die beiden sind offenbar angespannt. Die Frau zieht ihr Handy aus der Handtasche und will die Suppe fotografieren. Das Handy entgleitet ihr und stürzt in den Suppenteller, dessen Inhalt sich folglich über den gesamten Tisch ergießt. Sie will die Stoffserviette, die vor ihr auf dem Tisch liegt, in die Hand nehmen, um ihr Handy zu reinigen, und kippt dabei ihr volles Weißweinglas um. Ihr Freund nimmt einigermaßen liebevoll ihre Hand und sagt: »Warte jetzt einfach, bis der Kellner kommt!«
Frank Pirler

21. Recklinghausen
Ein Mann mit einem starken niederländischen Akzent bestellt in einem Imbiss: »Einmal Fritten bitte.« Die Bedienung guckt ihn daraufhin völlig entsetzt an. »Wie bitte?« Der Mann wiederholt: »Einmal Fritten bitte.« Die Frau lächelt erleichtert. »Ach so. Ich hatte verstanden: ›Einmal ficken bitte‹.«
Lesley Sevriens

22. Altenhof
Drei Freundinnen stehen vor einem malerischen Gut auf der Wiese und fragen ein älteres Ehepaar: »Können Sie bitte ein Foto von uns machen? Das wäre toll!« Antwortet der Mann: »Wieso machen Sie denn kein Selfie?«
Nora Reinhardt

23. Lohr
In der Stadtbibliothek spielen zwei Jungs Dinosaurier – der eine rennt dem anderen mit lautem Gebrüll hinterher und versucht ihn zu fangen. Irgendwann dreht sich der Gejagte entnervt um und meint: »Also, Lars, ab jetzt wechseln wir uns immer ab mit Töten, okay?«
Victoria Riedmann

24. Augsburg
Zwei Jungs fangen an zu pöbeln, sagt einer: »Auf dein Niveau lasse ich mich doch gar nicht erst runter.« – »Alta, nenn mich nie wieder ›Niveau‹!«
Ina Fischer

25. Buxtehude

Ein Paar betrachtet im Supermarkt die Zigarettenschachteln und liest eine Warnung vor Krebs. Dann fragt das Mädchen: »Sag mal, ist es eigentlich wissenschaftlich bewiesen, dass Rauchen die Gesundheit gefährdet?«

Lena Boeckmann

26. Berlin

Im ICE. Eine indische Großfamilie schaut aus dem Fenster. Draußen taucht eine Schrebergartenkolonie auf. Der Himmel ist blau, die Sonne scheint, ein paar Rentner sitzen vor ihren Lauben, andere wässern die Beete. Der indische Vater streckt den Zeigefinger aus und ruft begeistert: »Look, look, very nice slums!«

Paula Scheidt

27. Hamburg

Ein Freund kommt nach einem Zahnarztbesuch: »War es doch kein Loch?« Er: »Ne. Hab den Arzt aber noch gefragt, ob MDMA schlecht ist für die Zähne, weil die ja davon demineralisieren. Der Arzt hat kurz nachgedacht und meinte dann, das sei nicht sein Gebiet, aber ich solle einfach Elmex Gelee benutzen zum Remineralisieren.«

Leonie Seifert

28. Bielefeld

In einem großen Einrichtungshaus betritt ein Paar die Drehtür am Eingang. Noch schnell hüpft ein Vater, der seine etwa dreijährige Tochter auf dem Arm hält, mit in die Türspalte und sagt ganz verdutzt zu ihr: »Huch, was ist denn das hier? Ein Menschenmixer?«

Nina Gerdtoberen

29. München

Eine Reisegruppe wartet seit Längerem vor der Synagoge am St.-Jakobs-Platz. Ungeduldig schiebt sich ein älterer Mann nach vorne zum Sicherheitsmann am Eingang: »Entschuldigen Sie, wo ist denn der Führer?«

Lan-Na Grosse

30. Berlin

Drei Punks trinken Bier. Einer ruft: »Ey Paul! Hast du noch den Kassezettel?« Der Angesprochene kneift die Augen zusammen und sagt ganz langsam und deutlich: »Kassenzettel. Das heißt Kassenzettel. So viel Zeit muss sein.«

Danielle Steirat

31. Oldenburg
In einer Buchhandlung steht eine Frau, die mit der Verkäuferin redet. Ihre Tochter interessiere sich für Geschichten aus dem 2. Weltkrieg, und sie fände das ja total gut, dass sie sich da engagiert. Letztlich erwähnt die Frau das »Tagebuch der Anne Frank« und erkundigt sich bei der Verkäuferin: »Wer hat denn das geschrieben?«
Elena Helk

32. Köln
Seit mehreren Jahren versucht ein Express-Verkäufer in Kölner Kneipen, potenzielle Leser mit der Schlagzeile »Bruce Willis ist tot« zum Kauf seiner Zeitung zu bewegen. Eine Frau in einem Restaurant sieht den Verkäufer auf ihren Tisch zukommen und fragt ihn voreilig, ob Bruce Willis denn nun schon wieder tot sei. Darauf der Express-Verkäufer grinsend: »Ja klar! Sie wissen doch: Stirb langsam ...«
Imke Trainer

33. München
Ein Jugendlicher liegt neben einem Bierzelt auf dem Boden und übergibt sich. Eine Mutter geht mit ihrem kleinen Sohn vorbei und sagt: »Jetzt schau da nicht so hin. Wenn du in dem Alter bist, geht's dir auch so.«
Johannes Hardt

34. Aurich

Ein Mann geht durch einen Flur im Krankenhaus und verkrampft die Arme vor der Brust. Jemand schaut ihn verwundert an. Er lächelt und lässt die Hände sinken. Die Aufschrift vom Shirt: DIE HAPPY.

Anke Henkel

35. Hamburg

Umzäunter Spielplatz, die Kindergartenkinder spielen Ball, der Ball fliegt über den Zaun auf den Gehweg. Es spaziert ein Mittfünfziger vorbei, mit Dogge an der Leine. Die Kinder rufen: »Duu, kannst du uns den Ball holen?« Der Mann: »Ja, so nicht. Wie heißt das Zauberwort?« Die Kinder kollektiv: »Biiiiiitte!« Der Mann schüttelt den Kopf: »Nee, trotzdem nicht.«

Moritz Herrmann

36. Berlin

In der U-Bahn telefoniert eine Frau laut, sie brüllt in ihr Handy:« Du, ich hab gerade überhaupt keine Ahnung, wo ich hier bin!« Eine Frau, die neben ihr sitzt, sagt: »Ick würd' mal sajen, in Berlin, wa!?«

Julia Borrmann

37. Leipzig

In einem Laden sucht eine Dame die Verkäuferin. Dann fragt sie: »Junge Frau, wo finde ich denn hier die Marke ›Sale‹? Wissen Sie, die haben immer so günstige Kleidung.«

Felicia Rothbauer

38. Bocholt

Auf dem Marktplatz vor dem historischen Rathaus spielt eine indianische Musikgruppe. Eine Menschentraube hat sich um sie versammelt, unter ihnen auch ein kleines Mädchen. Einige Minuten sieht sie die Musiker fasziniert an, dann blickt sie zu ihrem Vater und fragt: »Papa, darf ich die mal streicheln?«

Verena Rickert

39. Berlin

Zwei Oxfam-Mitarbeiterinnen unterhalten sich: »Als damals dieser schreckliche Genozid in Ruanda war, da war Oxfam auch sehr stark beteiligt.« – »Was? Ach so, mit Hilfsprojekten ...«

Charly Konrad

40. Nürnberg

In der Berufsschule fragt eine Schülerin kurz vor einer Klausur: »Was sind eigentlich Ugg-Boots?« Daraufhin die Mitschülerin: »Wieso? Haben wir das das letzte Mal durchgenommen?«

Doris Jung

41. München

DVD-Abteilung, eine Frau fragt den Kassierer: »Entschuldigen Sie, wo finde ich medizinische Fach-DVDs?» – »Was genau suchen Sie denn?« – Sie schaut auf ihren Zettel: »Dr. House, zweite Staffel.«

Andrea König

42. Rostock
An der Kasse eines großen Möbelhauses fragt die Kassiererin nach der Postleitzahl: »Die Postleitzahl von mir oder von der Person, die das bezahlt und der es gehört?« Darauf grinst sie und antwortet: »Total egal. Ist doch eh nur für die Statistik.«
Clemens Maaß

43. Mannheim
Ein Verkehrsflugzeug überfliegt das Gelände recht lautstark und zieht die Blicke der Anwesenden auf sich. Da ruft ein etwa Achtjähriger seinem gleichaltrigen Freund ganz enthusiastisch zu: »Die Kanzlerin ist wieder da!«
Kornelia Bach

44. Essen
In der U-Bahn. Zwei Mädchen hören laut mit ihren Handys Musik. Ein Mann bittet sie darum, die Musik abzuschalten oder leiser zu machen. Die Mädchen darauf: »Kannst ja weghören, Alter.« Eine Weile später muss der Mann aussteigen. Kurz bevor er zur Tür geht, stellt er sich zu den Mädchen und furzt sie an. Sie kreischen und beschweren sich: »Ihh, ekelhaft, das stinkt!« Darauf der Mann, bevor er aussteigt: »Ihr könnt ja wegriechen.«
Nina Loges

45. Hannover
In der Stadtbahn sitzten eine Design-Studentin und ein asiatischer Austauschstudent, der nur wenig Deutsch kann. Er fragt: »Was warst du an Halloween?« – »Ich war Hartz-4-Empfänger, also Penner.«
Nadja Jung

46. Bremen

In der S-Bahn möchte ein Vater seiner etwa sechsjährigen Tochter einen Kuss geben. Die Tochter weicht aus und ruft: »Eeeey, kein Kuss – mein Körper gehört mir!«

Zbigniew Kwiecinski

47. Würzburg

Auf dem Weihnachtsmarkt betrachtet eine Frau Krippenfiguren an einem Stand: »Der ist ja schon schön, aber wir haben schon nen Jesus.« Daraufhin die Verkäuferin: »Der Trend geht auch zur Zweitkrippe.«

Valerie Jankowski

48. Berlin

Ein Ehepaar steht vor den Toiletten in einem Einkaufszentrum. Beide schauen auf das Schild: »Benutzung der Toilette 30 Cent«. Die Frau sagt: »Ich hab kein Geld dabei.« Darauf der Mann: »Ich lade dich ein.«

Belinda Burtonshaw

49. Dresden

50. München

»Hey, wo ist deine Freundin?« Junger Mann: »Im Krankenhaus. Abtreibung.« Frau hinter ihm: »Der ist doch nicht ganz knusper.«

Erik Schäfer

51. Hamburg

Eine Frau steht am Bahnsteig und sieht sich nach Rauchverbot-Schildern um. Keine da – aber Kippen am Boden. Sie steckt sich eine an. Kommt ein Kontrolleur und verlangt 15 Euro. Die Frau muss Geld am Kiosk wechseln, um das Bußgeld zu bezahlen. Dann fragt der Kontrolleur: »Und magst du noch eine mit mir rauchen? Ich geb dir auch eine aus.«

Anja Kellner

52. München

U-Bahn, Durchsage vom Zugführer: »Wenn Sie das Bedürfnis haben, Türen aufzuhalten, stellen Sie sich bitte in ein Kaufhaus. Hier nicht!«

Katja Keggenhoff

53. Berlin

In einem Supermarkt probiert eine Frau Schuhe an. Ihr Ehemann ist offensichtlich irritiert: »Du hast doch gerade erst Schuhe gekauft!« Sie: »Neue Schuhe sind relativ.« Er: »Vor einer Woche?«

Anne-Kathrin Hartmann

54. Hamburg

Ein Vater betritt mit seiner etwa fünfjährigen Tochter die Tankstelle, betrachtet Joseph Goebbels auf dem Spiegel-Cover und murmelt: »Diese Scheißnazis …« Die Kleine daraufhin ganz empört: »Scheiße darf man nicht sagen, Papa!« Der Vater: »Doch, Süße, für Nazis gibt es einfach kein anderes Wort, da darfst du.«

Kim Jalina Mecklenburg

55. Augsburg

Eine Frau zahlt ihren Einkauf mit der EC-Karte. Als sie unterschreiben will, funktioniert der Kugelschreiber nicht. Daraufhin die Kassiererin: »Das ist eigentlich nicht möglich. CSU schreibt immer.«

Inga Biel

56. Bonn

Spieleabend. Trivial Pursuit. Frage: »Wer ist der Held im Sherwood Forest?« Antwort: »Äh ... ja, Forrest Gump?«

Michael Griesen

57. Mainz

An der Packstation: Ein Mann steht mit dem Gesicht direkt vor dem Monitor ... Normalerweise muss man dort den Code scannen oder die DHL-Kundenkarte einstecken. Was macht er? Er versucht, den Benachrichtigungszettel in den kleinen Schlitz für EC-Karten zu stecken.

Dirk Modrok

58. Hannover

Zwei Mädchen reden über die Zeitumstellung: »Au ja, diese Nacht wird die Uhr ja eine Stunde zurückgestellt.« – »Eine Schulstunde oder eine normale Stunde?«

Ellen Hosalla

59. Frankfurt

Alle Fahrgäste mussten wegen technischer Probleme in einen anderen Zug umsteigen, ein Mitarbeiter ruft: »The seat reservations are also guilty in this train.«

Lina Rusch

60. Bochum

An der Bäckereitheke bestellt eine Frau: »Ein Käsebrötchen!« Sie wendet sich ihrem Sohn zu und fragt: »Willst du auch eins?« Der Sohn: »Ich mag keine Käsebrötchen, du Opfer!«

Tim von Berswordt-Wallrabe

61. Dortmund

Auf dem Gehweg fährt ein Mädchen mit seinem Fahrrad an einer älteren Dame vorbei und schneidet ihr den Weg ab. Die Oma regt sich auf und meckert: »Du gehörst auf die Straße!« Das Mädchen dreht sich um und antwortet: »Und du in den Keller!«

Maximiliane Wischeler

62. Suttgart

Am Hauptbahnhof warten Fahrgäste auf einen verspäteten Zug. Dann kommt die Durchsage: »Liebe Fahrgäste, leider verzögert sich die Abfahrt auf unbestimmte Zeit. Wir sind noch auf der Suche nach dem Zugpersonal.«

Maria Spindler-Gerbig

63. München

Zwei Jugendliche unterhalten sich. Einer trägt ein Shirt mit einem Smiley. Fragt sein Kumpel: »Was soll eigentlich dieser Smiley?« – »Ey, das ist Nirvana. Kurt Cobain und so. Beste Band!« – »Ach ja, stimmt, den wollte ich schon immer mal live sehen. Hoffentlich spielen die mal wieder in München.«

Simon Hurtz

64. Hamburg

Ein Bolzplatz in St. Pauli: Ein Obdachloser hat seinen vollgestopften Einkaufswagen neben dem Tor abgestellt und schießt seinen platten Ball immer wieder gegen den Pfosten. Kommen zwei Deutschland-Fans vorbei und sagen: »Alter, du musst auch mal ein Tor schießen.« Der Fußballpenner schüttelt den Kopf, murmelt: »Die haben nichts verstanden.«

Tobias Moorstedt

65. Frankfurt

Im Pflegeheim: »Sag mal, Großmutter, hast du eigentlich den deutschen Kaiser noch in echt gesehen?« Sie: »Ist das der, wo wir immer den Arm heben mussten?«

Melamie Walczak

66. Siegburg

Drei Jungs stehen am Taxistand, sagt einer: »Wartet, noch nicht einsteigen. Lasst uns erst mal in jedes reinschauen, vielleicht ist's das Quiz Taxi.«

Natalie Gilliam

67. Osnabrück

In einer Drogerie fragt ein Kunde die Kassiererin, wann es wieder Nasenhaarschneider gibt. »Gar nicht!« – »Wie, gar nicht? Wir sind ja hier im Sozialismus!«

Anja Milker

68. Sindelfingen

Zwei Mädchen unterhalten sich über das Abo fürs Fitnessstudio. Sagt die eine zur anderen: »Hey, weisch, ich krieg voll KNABENFIGUR!«

Daniel Kinast

69. Berlin

Im Park unterhalten sich drei Jungs, einer fragt eine Fremde: »Wie heißt denn der Park eigentlich?« – Sagt die Frau: »Körnerpark.« Zurück bei seinen Freunden: »Seht ihr, hab isch euch doch gesagt: Dönerpark heißt das hier!«

Franziska Langhammer

70. Hamburg

»Ich hätte gerne ein Tschi-ah-batta«, sagt eine Frau am Biobrotstand. Der Verkäufer schaut sie entsetzt an: »Sagen Sie ... wann waren Sie denn das letzte Mal in Italien?« – »Ähm ... so vor drei Jahren im Sommerurlaub«, stammelt die Frau. »Ahhh ja ...«, der Mitarbeiter nickt verständnisvoll. »Sehen Sie – der Italiener sagt nämlich nicht Tschi-ah-batta. Der Italiener sagt: Ciabatta.«

Nora Reinhardt

71. München

Zwei Jugendliche diskutieren darüber, wie es bei ihnen nach der Schule weitergeht: »Ey, für ein Gramm kriegst du fünfzig Euro. Mit Drogen kannst du paar Tausend Euro im Monat machen.« Der andere: »Nee, ich glaub, ich studier bei der Bundeswehr.«

Annabel Dillig

72. Hamburg
Nachschulung bei dem Führerschein-Seminar: Ein junger Typ sagt: »Ey, ihr Opfer, was sitzt ihr alle hier? Ihr müsst einfach eure Nummernschilder abschrauben, dann findet euch die Polizei nicht.« Fahrschullehrer: »Du sitzt ja auch hier.« Mann: »Na ja – irgendwann stand die Polizei halt vor der Tür.«
Nora Reinhardt

73. München
Die Passagiere sind gerade ins Flugzeug gestiegen und haben sich hingesetzt. Ruft ein Mädchen aus den hinteren Reihen: »Da saßen wir schon mal, Papa, schau, da sind noch unsere Kaugummis dran.«
Kerstin Fellenzer

74. Bremerhaven
Ein Junge sagt zu seinem Kumpel: »Meine Ex hat mir neulich geschrieben, dass sie mich immer noch lieb hat und so. Ich hab ihr zurückgeschrieben: »›Lass mich in Ruhe, du Nutte!‹ Ey, die ist voll die Nutte!«
Swaantje Wilcken

75. Bielefeld
Ein Schüler, der gerade erst vor drei Monaten auf die Schule gewechselt war, ist im Unterricht eingeschlafen. Die Lehrerin merkt es und sagt: »Respekt, er ist jetzt schon einer von euch.«
Paul Münder

76. Kamen

77. München
Das Handy blinkt auf, SMS von der 75-jährigen Oma, die nie SMS schreibt. Inhalt: »Hallo Charlotte, du kannst mir jetzt auch eine Mail schreiben.« Antwort: »Meinst du eine SMS?« Sie: »Nein, ich meine eine Handybotschaft. Das Wort kriegt das Telefon aber nicht geschrieben.«
Charlotte Haunhorst

78. Berlin
Eine Frau blickt auf den Bundestag und sagt zu ihrer Freundin: »Guck mal nach draußen, da ist die Ecke, wo wir alle verraten und verkauft werden.«
Ruth Falkenberg

79. Dortmund
Im Gourmet-Supermarkt einer großen Kaufhauskette ertönt die Durchsage: »Warschau, Warschau!« Das Wachpersonal hatte versucht, einen Ladendieb zu stoppen.
Nina Pohl

80. Hannover
Zwei Frauen unterhalten sich, sagt eine: »Wer kommt denn jetzt Samstagabend eigentlich alles?« Ihre Freundin: »Na ja, also Katja, Johannes ... hm ... Icke ...« Wird unterbrochen: »Icke? Wer ist denn das?« »Na, ich!«
Friedrike Carnehl

81. Mönchengladbach

In der langen Warteschlange einer Videothek fragt einer der Mitarbeiter: »Wollen Sie nur etwas abgeben?« – »Ja!« – »Dann müssen Sie noch einen Moment warten, Sie sehen ja die Schlange!«

Nicole Berger

82. Freiburg

Kurz nach Ladenschluss fragte jemand die Bäckerin nach dem letzten Brot im Regal. »Das ist zwar reserviert, aber Sie können das haben. Der Kundin ist letzte Nacht der Mann verstorben. Ihr ist wahrscheinlich der Appetit vergangen.«

Marco Szangolies

83. Nürnberg

Der Vater: »Schaut mal, da draußen ist ein Fernsehturm.« Nach ungläubigem Nach-draußen-Schauen sagt der Junge: »Du, Papa, da ist aber gar kein Fernseher drauf auf dem Turm.«

Ingrid Kreuzmair

84. Freiburg

Ein kleiner Junge rennt über den Zebrastreifen und schreit: »Erster!« Sein Vater geht langsam hinterher und murmelt: »Nee, du bist nur Vorletzter.«

Lena Hahner

85. Düsseldorf

Ein älteres Ehepaar steht vor einem Schaufenster eines Bekleidungsgeschäfts, in der eine Jacke für 200 Euro liegt. Sagt sie zu ihm: »Überleg mal, das waren früher mal 100 Mark.« Er: »Wahnsinn!«

Matthias Hoeppner

86. Göttingen

Es ist Pollenzeit. Eine Mutter hinterlässt ihrer Tochter einen Zettel, auf dem steht: »Hol bitte die Wäsche rein, wegen der Polen.«

Kerstin Nagel

87. Hannover
Eine ältere Dame mit Gehwagen möchte den Fahrstuhl erreichen. Ein Mann versucht zu verhindern, dass sich die Tür vorher schließt, schafft es aber nicht. Daraufhin die alte Dame: »Ach Gott, furchtbar ungeschickt die jungen Männer heutzutage.«
Yvette Piontek

88. Nürnberg
Zwei Mädels im Teenageralter unterhalten sich in der U-Bahn: Eine der beiden muss ständig stark husten. Sichtlich genervt meint die andere: »Ist ja voll doof mit deinem Husten.« – »Nö, gar nicht. Kriegst du voll krass Bauchmuskeln.«
Thomas Szedlak

89. Passau
In der Unibibliothek: Ein Mädchen liegt auf dem Boden. Besorgt fragt eine Studentin, ob alles in Ordnung sei. Sie schaut verwundert und sagt: »Ja, ich schlafe doch nur hier!«
Caroline Timm

90. Berlin
In einem Café bestellt ein Mann einen »Hazelnut Latte Grande« und bezahlt mit einem Fünfzig-Euro-Schein. Die Frau hält den Schein gegen das Licht und beginnt, hektisch auf dem Schein zu kratzen. »Ist alles in Ordnung?«, fragt der Kunde. »Da ist ein Fleck drauf!« – »Nein, das ist Irland.«
Hans-Peter Berger

91. München
Ein offenbar obdachloser Mann gibt am Pfandautomaten sehr viele Flaschen zurück. Eine Frau fragt ihn, ob er sie vorlassen könne, weil sie nur wenige Flaschen dabeihabe. Seine Antwort: »Ich habe keine Zeit, ich bekomme heute Abend Gäste!«
Jakob Feigl

92. Berlin

Ein gestylter Messebesucher rätselt laut, ob das Feuerwerk korrekt abgebrannt ist. Sein Kollege beendet die Diskussion: »Mensch, wir sind Mode-Schwuchteln, keine Pyrotechniker!«

Alexander Blum

93. Ingolstadt

Das Kind turnt im Buggy herum, auf einmal schreit die Mutter los: »Verdammt noch mal, bleib halt sitz'n, sonst kriegst a poar auf die Fressn, des schwör i dir!« Dann dreht sie sich zu ihren Freundinnen und meint: »Des derfst in der Stodt a net sog'n, sonst bist glei' wieder die Rabenmutter.«

Christian Schmidtke

94. Tübingen

Auf einem Plakat an der Kasse im Supermarkt werden Herr Fuchs und Frau Bär vom Kundendienst vorgestellt. Auf dem Namensschild der Kassiererin steht »Frau Wolf«.

Gesine Kästner

95. Hamburg

Auf der Reeperbahn fragt ein Mann nach 20 Cent. Eine Frau schaut in ihren Geldbeutel und gibt ihm einen Euro. Er sagt: »Danke, aber gib nicht so viel Geld aus.«

Ines Weißbach

96. Freiburg

Nach einer durchgezechten Nacht gähnt ein Mädchen in der Bahn. Da kommt eine ältere Dame auf sie zu und sagt: »Danke schön, dass du mich nicht verschluckt hast!«

Malwina Dominika Sosnowski

97. Laatzen

Beim Arzt im Wartezimmer: In der Kinderecke steht ein kleines Mädchen vor einer Tafel und schiebt viele bunte Magnetbuchstaben hin und her. Dann dreht es sich um und strahlt. Auf der Tafel steht »Fuck You«.

Rainer Hattert

98. Münster

In einem Tierpark steht eine Menschentraube begeistert um das Nutriagehege, da eines der Tiere mit langen gelben Zähnen einzelne Futterkörner vorsichtig durch das Gitter aus den Händen der Besucher nimmt. Plötzlich sagt eine Frau zu ihrem Mann: »Jürgen, hat deine Mutter nicht einen Mantel davon?«

Anna Gräuler

99. München

Als die U-Bahn einfährt, deuten die zwei Kinder sehr umständlich an, vor den Zug springen zu wollen. Als alle Passagiere im Zug sind, ertönt plötzlich eine Durchsage des Fahrers. In breitem Bayerisch empfiehlt er: »Nächstes Mal nicht nur antäuschen, sondern auch springen.«

David Lohmann

100. München

Ein paar Jungs versuchen, die Mädels auf der Sitzbank neben ihnenklarzumachen: »Hey, Süße, wie wär's: Candle-Light-Döner bei mir?«

Sarah Blessing

101. Gelsenkirchen

Englisch-Vorlesung an der Fachhochschule. Der Dozent fragt nach der deutschen Übersetzung des Wortes »temptation«. »Versuchung! And lead us not into temptation,« übersetzt eine Studentin eine Zeile des Vaterunser. »Führe uns nicht in Versuchung.« »Mensch«, kommt es da überrascht aus der letzten Reihe, »ich kann die ›Zehn Gebote‹ nicht mal auf Deutsch.«

Tim Backhaus

102. Nürnberg

Drei Mädchen reden übers Schwulsein. Zwei sind sich einig, wer rosa Hemden trägt, ist definitiv schwul. Die Dritte meint: »Nein, mein Bruder hat gesagt, nicht Hemden. Nur wer rosa oder lila Hosen trägt, ist schwul!«

Tim Satzenhofer

103. Remscheid

Eine junge Frau mit Kurzhaarschnitt spielt ausgelassen mit einem dreijährigen Kleinkind. Plötzlich fragt das Mädchen: »Warum hast du noch keine Haare?«

Melanie Krey

104. Berlin

Ein Gothic-Pärchen geht bei strahlendem Sonnenschein spazieren. Er zu ihr: »Gib mir mal bitte die Sonnencreme.« Sie: »Oops ... die hab ich vergessen.« Daraufhin er: »Oh Mann, dann bist du schuld, wenn ich braun werde!«

Bernd Kramer

105. Düsseldorf

Neulich beim Familienfest. Man ist gerade beim Nachtisch und den frechen Themen angekommen, da sagt der Vater in die Runde: »So, jetzt lasst uns doch mal über Sex reden!« Darauf der sechsjährige Sohn: »Okay, Papa, was willst du wissen?«

Alexandra Stelzl

106. Mannheim

Die Enkelin und ihre Oma verlassen ein Schuhgeschäft: »Lass uns doch mal im Internet suchen.« Darauf die Oma: »Wie soll ich denn da hinkommen? Das liegt so weit außerhalb!«

Christel Nelius

107. Koblenz

Eine Kundin bestellt eine kleine Portion Pommes und wird von der Bedienung gefragt, ob sie lieber »die alten« oder »frische« haben möchte. Die Kundin entscheidet sich natürlich für frische Pommes. Daraufhin geht der Chef zur Bedienung und flüstert ihr ins Ohr: »Jetzt müssen die alten aber endgültig in den Müll.«

Julia Ballmann

108. Berlin

Radeberger

109. München

Auf dem Frühlingsfest sagt ein Bayer in Lederhosen zu einem Amerikaner: »Du bist a gebildeter Mensch, weil du kannst ja Englisch.«

Jonas Natterer

110. Wiesbaden

Zwei Frauen unterhalten sich lautstark. »Und übrigens, ich unterschreibe jetzt alles mit Diplom-Psychologin!« – »Ich auch. Da denken alle, ich sei besonders intelligent.« – »Genau!«

Gerd Schmidt

111. Rheine

Ein etwa dreijähriges Kind wartet auf die Abfahrt des Zuges und fragt die Eltern: »Wo ist der Führer?« Darauf antwortet die Mutter stumpf: »Im Bunker!«

Joachim Kossow

112. Berlin

Kurz nach dem Start einer älteren Maschine vom Flughafen Schönefeld ruft ein Passagier: »Der Kleber hält.« Ein anderer erwidert: »Noch.«

Carina Kertscher

113. Freiburg

Eine unverheirateter Kollege während der morgendlichen Kaffeepause: »Am Wochenende fahren wir zu meinen Schwiegereltern.« Darauf sagt ein Kollege: »In spe?!?« Nach kurzem Zögern: »Nee, in Potsdam!«

Kerstin Ahlborn

114. Odenburg

Ein etwa neunzigjähriger Herr überholt eine Frau mit einem Elektromobil. Nach zwei Metern dreht er sich grinsend um: »WRUMM, WRUMM, FORMEL 1!«

Katja Eva Kirchmeier

115. München

Als zwei bärtige Männer mit Kappe in die Tram einsteigen, flüstert ein Senior seiner Frau zu: »Salamisten!« Sie nickt.

Sophie Servaes

116. Bamberg

Unterhalten sich zwei Schüler: »Welchen Schnitt hast du?« – »Weiß nicht.« – »Ich hab 21.« – »Echt?« – »Ja, ist doch ganz einfach, alle Noten müssen zusammengezählt werden.«

Michael Bärtle

117. Hagen

Steht ein Mitarbeiter im Supermarkt vor einem vollen Paket, das er einräumen muss. Ein Kollege kommt vorbei und fragt: »Na, keinen Bock?« Er sagt: »Bock schon, nur keine Motivation.«

Rachel Brüggemann

118. Lübeck

Zwei alte Damen unterhalten sich über den Verfall der Jugend. Dass sitten- und morallose Menschen nicht in den Himmel kommen. Dann kommt die Lautsprecherdurchsage: »Nächste Haltestelle Fegefeuer.« Darauf die eine Dame: »Hier muss ich raus!«

Jan Schmedemann

119. Erlangen

Im Sommer bestellt ein Gast eine Spezi mit Eis und sagt: »Aber bitte mit Strohhalm, sonst ist es so kalt!«

Flo Horn

120. Köln

Eine Mutter und ihr Sohn schwimmen ein paar Bahnen in einem Schwimmbad, dann verschnaufen sie. Als er fragt, was hier denn so rieche, erklärt die Mutter, dass das vom Chlorwasser komme. Als sie wieder ins Wasser steigt, weigert sich der Sohn: »Im Klowasser schwimme ich nicht.«

Marcus Staudt

121. Mainz

Eine Kind liegt im Kinderwagen und versucht aufzustehen. Daraufhin der Bruder: »Schau mal, Mama, wie Jesus. Er versucht auch aufzuerstehen.« Mutter: »Ganz richtig, mein Kind!«

Sara Jurisic

122. Hamburg

Für eine Recherche einen Stapel Problemliteratur gekauft zu den Themen: gestörte Partnerschaft, Psychoprobleme und unbefriedigender Sex. Freundliche Nachfrage des Buchhändlers: »Soll ich's als Geschenk einpacken?«

Timm Klotzek

123. Chemnitz

In einem Einkaufscenter ist eine Sonderausstellung über Afrika. Auch einige lebensgroße Kamele aus Plüsch sind ausgestellt. Ein Pärchen geht vorbei, er deutet auf die Kamele und sagt : »Gugge, da sind deine Geschwister!« Es dauert eine Weile, bis sie kontert: »Stimmt, ich muss ein Kamel gewesen sein, dich zu heiraten!«

Franziska Herrmann

124. München

Eine Frau geht mit ihrem Pudel Gassi. Sie erreichen eine Wiese. Ihr Hund ist nicht angeleint und rennt deshalb sofort auf die Wiese, um sein Geschäft zu verrichten. Aufgeregt ruft sein Frauchen: »Nein, geh nicht auf die Wiese, die ist doch voller Hundescheiße …«

Thomas Spitschka

125. Hiddensee

Im Kloster in einer Gaststätte spricht ein entnervter Gast den Kellner an: »Ich warte hier schon seit zwei Stunden vor einem leeren Glas.« Der Kellner antwortet: »Ich kann Ihnen auch einen leeren Teller bringen.«

Andrea Pickert

126. Berlin

Bei der Visite wird der frisch operierte Patient gefragt, ob er gegen irgendetwas allergisch sei. Der schläfrige Patient reißt die Augen auf und berlinert: »Na klar, Borussia Mönchengladbach!«

Brice Malbec

127. Berlin

Eine siebte Klasse lauscht im Planetarium den Erklärungen zum Sternenhimmel. Die Milchstraße sei gewissermaßen der staubigste Ort im Universum. Darauf ein Junge: »Und ich dachte immer, das sei mein Zimmer!«

Anne Eichenberger

128. Hannover

Im ICE knabbert eine Frau genüsslich Erdnüsse, Rosinen und Cashew-Kerne aus ihrer Studentenfutter-Tüte. Irgendwann fragt sie ihren Sitznachbarn: »Möchten Sie auch?« – »Nein danke, ich studiere nicht!«

Nils Temps

129. Hamburg

Eine etwas tüdelige Dame steigt ein in den Bus und fragt: »Wie teuer ist denn eine Station?« Busfahrer: »Das weiß ich nicht, aber eine Fahrt macht 1,40 Euro.«

Verena Pichler

130. Friedrichshafen

Eine Freundin liegt mit gebrochenem Fuß im Krankenhaus und bekommt Besuch von einem befreundeten Paar mit seinen Kindern. Fragt der Kleine, warum der Fuß so orange sei. »Das ist gegen die Bakterien«, sagt sie. Fragt der Kleine: »Mögen die den Geruch oder die Farbe nicht?«

Jörg Hund

131. Dardesheim

132. Berlin

Eine Schülerin fragt ihre Lehrerin: »Sagen Sie mal, stimmt es, dass die Schüler kein Handy in der Schule benutzen dürfen, damit die Lehrer besseren Empfang haben?«

Elke Scheele

133. Konstanz

Aufgeregt deutet ein Amerikaner auf einen Zeppelin am Himmel und sagt zu seiner Frau: »Look at that airplane! It has no wings!«

Dejan Birk-Mrkaja

134. Stuttgart

Ein zersprungenes Glas liegt neben dem Hauptquartier der Punks am Hauptbahnhof. Passanten drängen sich in die ersten Reihen. Schreit ein Punk verärgert: »Und kaum passiert etwas, sind die Punks ja doch nicht so schlimm, und man steht gern neben einem.«

Irma Rama

135. München

Eine wacklige Oma klammert sich beim Aussteigen aus dem Bus an einer anderen alten Frau mit Krücken fest. Sie sagt: »Mei, ohne Sie wäre ich jetzt schon hundertmal hingefallen.« Darauf die andere: »Ja, wem sagen Sie das!«

Ronja Lotz

136. Lüneburg

Im Supermarkt legt ein Mann zwei Flaschen Schnaps auf das Band und sagt: »Frühstück und Abendbrot!« Die Verkäuferin lacht: »Ich lasse das Mittagessen auch immer aus!«

Lisa Schloo

137. Offenburg

Eine Tochter sagt plötzlich völlig zusammenhangslos: »Mama, ich mag eigentlich voll viel; ich mag Hühner, Kühe und Schafe, ich mag Bauernhöfe und ich mag Schnaps!«

Luise Häuser

138. Rothenburg ob der Tauber

Auf der Autobahn schert ein Lkw den Berg hinauf auf die linke Seite aus, um einen anderen zu überholen. Es beginnt ein Elefantenrennen, alles staut sich hinter dem Linksfahrer. Auf seiner Rückseite der Aufdruck »N24 – an uns kommt keiner vorbei!«.

Irina Stumpf

139. München
Ein älterer Mann beobachtet eine junge Frau, die ein Handyspiel spielt. Dann sagt er zu seiner Frau: »Wenn solche Leute uns ernähren müssten, würden wir alle verhungern. Die können ja nix, außer in ihr Grammophon starren.«
Laura Meschede

140. Tübingen
Ein sehr heruntergekommen wirkender zotteliger Mann sitzt und spielt Gitarre. Vor ihm ein Schild: »Suche günstige Playstation II!«
Almut Pöllmann

141. Betzdorf
Bei einer Einrichtungsfachberatung sagt die sehr vornehme Kundin: »Ich hätte gerne eine LSD-Leuchte!«
Tina Theis

142. Oldenburg
An der Supermarktkasse ruft ein Kind: »Mama, legst du mich auch aufs Band, um mich zu bezahlen?« Die Frau antwortet: »Nein, deine Adoption war schon teuer genug.«
Mandy Lange

143. Hamburg

In einer überfüllten U-Bahn kommt die Durchsage des Fahrers: »Alle Singles einmal einsteigen bitte, fünf Minuten Kuscheln umsonst!«

Janine Zettl

144. Lohma

Ein Versicherungsvertreter steht vor einer Haustür, der Bewohner ruft seinem Hund zu: »Sina, aus! Sina, sitz!« – »Ach, Ihr Hund heißt Sina?«, fragt der Vertreter. »Ja, ich weiß, bescheuerter Name, aber für einen Hund okay!« Beklemmende Stille. »Meine Tochter heißt auch Sina!«

Carina Feneis

145. Mainz

Abends auf dem Nachhauseweg durch die Altstadt unterhalten sich zwei Jugendliche. Die eine sichtlich aufgebracht zur anderen: »... und dabei sollten wir doch letzte Woche Geschichte schreiben!«

Diana Schwarz

146. Berlin

Zwei Mädchen sind in ein Rätselheft vertieft. Die eine kratzt mit dem falschen pinken Fingernagel an ihrer Stirn, während sie stolz verkündet: »Ah, ich hab das Waldtier mit drei Buchstaben! F-U-X!«

Caterina Gedatus

147. Düsseldorf

Nach dem Eurovision Song Contest vor der Arena: »Warum schickt der Vatikan eigentlich keinen Teilnehmer?«, fragt ein Kind. Der Vater blickt ratlos, die Tochter beantwortet die Frage schließlich selbst: »Wahrscheinlich sind sie sich zu heilig dafür!«

Sarah van den Berg

148. Hamburg

In der Schmuckabteilung am Uhrentresen wartet ein Kunde, während der Verkäufer die Batterie meiner Armbanduhr austauscht. Auf dem Stuhl für Wartende liegt eine grüne Salatgurke. Sagt der Kunde: »Ähm, da liegt eine Salatgurke.« Mit starrem Blick und ernster Miene antwortet der Verkäufer: »Oh, ich rufe sofort den Sicherheitsdienst!«

Kristiane Ernst

149. Münster

Sonntagabend, Rückreiseverkehr in Richtung Studentenwohnheim. Der ganze Bus ist voll. Durchsage des Busfahrers nach der ersten Haltestelle: »Och, in der Weihnachtszeit ist so ein bisschen menschliche Wärme doch Gold wert!«

Sarah Haller

150. München

Ein Fototapetengeschäft wirbt im Schaufenster mit dem Anne-Frank-Zitat: »Wie herrlich ist es, dass niemand eine Minute zu warten braucht, um damit zu beginnen, die Welt langsam zu verändern!«

Timm Klotzek

151. Berlin

Ein Radfahrer überfährt die rote Fußgängerampel und passiert dabei ein Polizeiauto. Polizist via Lautsprecher: »Schönen Unfalltod, Vogel!«

Matthias Thiele

152. Lörrach

Im Supermarkt fragt ein Kind seinen Vater, ob es die Schokolade im Regal mitnehmen darf. Der Vater sagt: »Nein!« Das Kind legt die Tafel Schokolade trotzdem in den Wagen. Als der Vater meint, er habe doch Nein gesagt, meint das Kind: »Da steht aber ›JA!‹ drauf!‹

Chiara Tempel

153. Neuhausen ob Eck

Auf dem matschigen Festivalgelände. In der Menge des nassen und verschlammten Menschenstromes sitzt an einer besonders tiefen Pfütze ein Jugendlicher auf einem Klappstuhl. In der Hand hat er eine aus Schnur und Stock gebaute Angel und hält sie in die Pfütze zwischen den Zelten. »Na, schon was gefangen?«, fragen ein paar Leute im Vorbeigehen. Er grinst und zuckt mit den Schultern: »Hier gibt's nur Heringe.«

Swaantje Hafner

154. Köln
Ein Mann sitzt mit seiner etwa dreijährigen Tochter in der S-Bahn. Sie kramt in seinen Jackentaschen, findet ein USB-Kabel und einen Kugelschreiber. Der Mann reagiert und sagt: »Das Kabel brauch ich wieder. Den Kuli kannst du behalten. Der ist von der CDU.«
Theresa Langer

155. Hamburg
Etwas rasant fährt eine Frau mit dem Rad um eine Kurve. Im hohen Bogen fliegen die frisch gekauften Slipeinlagen aus dem Korb. Die Fahrerin bremst, schaut sich um und sieht einen Mann, der zur Hilfe eilt und schnurstracks auf das lila Päckchen zugeht. In dem Moment, wo er das Produkt erkennt, bleibt er auf der Stelle stehen, dreht sich um und hastet davon.
Anneke Jürgens

156. Berlin
In einem Zeitungsladen sagt ein älterer Mann: »Du sollst beseitejehen, Mensch!« Jüngerer Mann: »Sorry, English?« – »Aus'n Weech, Motherfucker!«
André Herrmann

157. München
Ein angetrunkener Mann sagt zu seinem Kumpel: »Ich habe Stadionverbot. Das ist schlimmer als dein Knast!«
Jonas Natterer

158. Berlin

159. Düsseldorf
Zwei Mädchen unterhalten sich, die eine erzählt, dass sie ein Referat über eine Revolution gehalten hat. Sie fügt hinzu: »Ich habe Geschichte LK, aber ich kenne keine einzige Zahl. Ich weiß nur, 1840 war Zweiter Weltkrieg.« Darauf ihre Freundin: »Ja, am 8. Mai.«
Florian Wiebel

160. Berlin
An einem sonnigen Nachmittag im Zoo auf dem Weg zu den Elefanten schieben zwei genervt dreinschauende Großstadt-Mamis ihre beiden Söhne im Buggy vor sich her. Da schreit der eine Sohn: »Ich will jetzt endlich den Meister Yoda sehn!«
Dana Weidner

161. Bremen
Die Straßenbahn wartet an einer Kreuzung, da Teile des alljährlichen Freimarktsumzugs vorbeiziehen. Den Straßenbahnfahrern bietet sich eine Show peinlich kostümierter und offensichtlich gut angetrunkener Menschen. Ein Mann: »Das sind Deutschlands Wutbürger. Die gehen für die richtigen Dinge auf die Straße.«
Tobias Hahn

162. Bad Dürkheim
Ein Rettungshubschrauber landet auf einem großen Parkplatz. Immer mehr Menschen versammeln sich. Die Bahre wird hergeschoben, eine Frau ruft: »Seht ihr auch alle gut?«
Johanna Köpp

163. Schwerin

In der Apotheke an der Kasse: Eine ältere Dame kann sich partout nicht an den Namen eines Medikaments erinnern, das sie kaufen möchte. Die Apothekerin will Abhilfe schaffen und fragt: »Wofür ist es denn?« Sie: »Gegen Demenz!«

Jan Pahlke

164. Düsseldorf

Eine Frau geht mit ihrem sehr fetten und unförmigen Dackel spazieren. Plötzlich reißt er sich los. Die Frau schreit: »Bei Fuß, Aphrodite!!!«

Therese Lösch

165. Würzburg

In der Straßenbahn sitzt ein Mädchen und telefoniert: »Ich kann dir 102-prozentig versichern, dass ich nicht um 17:40 komme, weil ich 1000-prozentig den Zug verpasse.« Und später: »Also, tschüss, Mama, und trink nicht so viel Ramazotti!«

Clara Starrach

166. Wiesbaden

Im Politik-Unterricht fragt eine Mitschülerin, ob sie denn überhaupt wisse, was ein GAU sei. Sie überlegt kurz und meint dann euphorisch: »Na ja, irgendwas Tolles, es gibt ja auch den Super-GAU!«

Charlotte Krämer

167. Schwerin

Ein älteres Ehepaar steht am Pfandflaschenautomat. Die Flaschen sind durch die Kälte eingedrückt, und der Automat nimmt sie nicht an. Die Dame: »Du musst reinpusten!« Ihr Mann stellt sich an die Annahmeöffnung und pustet hinein …

Kerstin Ludwig

168. Kassel
Neulich im zugegebenermaßen sehr klinisch aussehenden Apple Store. Ein kleines Mädchen fragt seinen Papa: »Ist das ein Krankenhaus?« Daraufhin der Papa: »Ja, ein Krankenhaus für Computer.«
Anna Eck

169. Berlin
Ein Tourist kommt in eine Bar, geht auf den Barkeeper zu und fragt: »Toilet?« Dieser antwortet: »Warum sollte mir meine Mutter einen so albernen Namen geben?«
Franziska Hupke

170. München
Ein chinesischer Freund war zum ersten Mal auf dem Oktoberfest. Ganz begeistert fragt er seine Bekannte, ob sie denn dieses Jahr auch schon auf der »Tresenwiese« gewesen sei.
Verena Risse

171. München

Ein Mann und eine Frau in der S-Bahn, beide etwas heruntergekommen und mit einer Bierflasche in der Hand. An der Station »Siemenswerke« sagt sie: »Ach, hier versteh ich schon seit Jahren immer: Nächste Haltestelle ›Die sieben Zwerge‹.«

Jana Schweiger

172. Berlin

In der Ringbahn erzählt ein kleines deutsch-türkisches Mädchen seiner Mutter stolz vom Unterricht in der Schule: »Heute haben wir über Ferkel gelernt. Weißt du, was Ferkel sind?« Die Mutter schüttelt den Kopf. »Ferkel nennt man die Kinder von Schweinen. Die Kinder heißen Ferkel, die Mutter Sau und der Vater Eberhardt.«

Sophie Euler

173. Frankfurt

An eine Bäckereitheke kommt ein offensichtlicher Transvestit. Sie/er fängt mit der Verkäuferin ein Gespräch an. Eine alte Dame mit einer pinken Haarsträhne kommt herein. Transvestit zur Verkäuferin: »Laufen bei euch immer solche Freaks herum?«

Barbara Röttger

174. Dortmund

Zwei Freundinnen unterhalten sich: »Mein Freund hat jetzt eine Anzeige wegen Körperverletzung am Hals«, erzählt die eine. »Warum denn das?«, fragt die andere erstaunt. »Na ja, am Wochenende hat ihn ein Typ blöd angemacht – und kam dann irgendwie mit dem Echo nicht zurecht.«

Michael Milewski

175. Bayreuth

Zwei Jugendliche in einer Sparkasse schauen angestrengt auf ihre Smartphones. Nach einer Wischbewegung zeigt einer der beiden seinem Kumpel ein Foto. Beide lachen: »Was für ein Schnapsschuss!«

Sebastian Kreuels

176. Mannheim

Eine junge Frau legt eine Schokolade auf das Supermarktkassenband. Der Verkäufer scannt die Tafel ein und singt: »99 Luftballons auf ihrem Weg zum Horizont ...« Die Frau sieht ihn überrascht an. Darauf der Verkäufer: »Nee, war nur ein Scherz. 99 Cent bitte.«

Johannes Bernhardt

177. Soest

Eine Frau fragt ihren Mann: »Wofür steht denn MA auf dem Autokennzeichen?« Der Mann: »Ist doch klar: Madrid.« Die Frau nickt. »Und wofür steht dann SI?«, fragt die Frau. Ihr Mann antwortet: »Saudi Indonesien.«

Philipp Große

178. Nienborg

Die Friseurin fragt ein Kind nach seinem Lieblingstier. Auf seine Antwort »Hund« möchte sie von ihm wissen: »Und welche Marke?« Der Junge guckt verstört und antwortet schließlich: »Audi.«

Isabell Opperbeck

179. Karlsruhe

In der Bahn: »Nächster Halt: Karlsruhe Hauptbahnhof – Endstation. Bitte steigen Sie alle aus. Bitte vergessen Sie nicht Ihre persönlichen Gegenstände und Ihre Frauen. Vielen Dank!«

Andreas Karl

180. Koblenz

Einige Kollegen probieren die Spaghetti mit vegetarischer Bolognese und schwärmen vom Geschmack und vom saftigen Fleisch. Ein anderer Kollege klärt sie auf: »Das ist kein Fleisch, das ist Tofu.« Sie verziehen die Gesichter und sagen: »Schmeckt doch ziemlich fad.«

Franziska Kreis

181. Hamburg
Geografieunterricht am Gymnasium, der Kurs spricht über verschiedene Formen von Armut und klärt, dass Menschen international definiert in absoluter Armut leben, wenn ihnen weniger als ein US-Dollar pro Tag zur Verfügung steht. Zwei Tische weiter klebt eine Schülerin einen Dollarschein auf die Seiten ihres Kalenders – als Deko.
Johanna Kesseler

182. Baden-Baden
Beim Tanken schüttet ein Kunde etwas Benzin über seine Hand. Tankwart: »Ah, Benzin über die Hand gekriegt? Macht nix. Ist Biosprit – das macht weiche Hände.«
Jule Bunze

183. Berlin
In einem großen Büchergeschäft hält eine junge Frau ein Buch hoch. Darauf ist eine Art Echsenkopf abgebildet und der Titel »Monster«. Sie schreit quer durch den Laden: »Guck mal, hier ist ein Buch über Monster! Es ist aber niemand aus der CDU drin!«
Susanne Finke

184. München
Bei einem öffentlichen Protest läuft eine Gruppe mit leeren Plakaten herum. Als sie ein paar Polizisten lachend fragen, wogegen sie protestieren, sagen sie: »Wir wissen es noch nicht, aber wir wollten unbedingt mal Plakate machen.«
Dayana Hristova

185. Brandenburg

Almera

186. Windsbach

Zwei Fünftklässler sind auf dem Weg zum Gymnasium. Der eine: »Was sollen wir für die Reli-Ex wissen?« Darauf der andere: »Dass Gott in unserem Herzen ist!« Der erste ganz erschüttert: »Scheiße, das kann ich mir nicht merken.«

Carina Bräutigam

187. Saarbrücken

Zwei ältere Damen stehen auf dem Bürgersteig und unterhalten sich. Der Hund, den eine der beiden Damen an der Leine hält, bellt ein Mädchen an. Sie daraufhin zum Hund »Okay, ich erklär's dir noch mal: Das ist ein öffentlicher Bürgersteig, da darf jeder draufgehen, der das will.«

Annika Paulus

188. Osnabrück

Im Zug. Ein etwa fünfjähriger Junge sitzt mit seinem Vater im oberen Abteil des Zuges. Der Junge aufgeregt: »Papa, darf man von hier oben auf die Gleise springen? Darf man beim fahrenden Zug auf die Gleise springen? Darf man das, Papa?!« Darauf der Vater: »Natürlich nicht. Was für eine blöde Frage. Davon geht doch das Fenster kaputt.«

Judith Hanekamp

189. Köln

Der Verkäufer am Kaffeestand in der Uni löst gerade ein Kreuzworträtsel und braucht Hilfe: »Ein anderes Wort für ›enthaltsame Lebensweise‹.« Student: »Puh, keine Ahnung. Monogamie.«

Bernd Kramer

190. Berlin

Zwei Mädchen: »Ey, ich hab 'ne SMS von T-Mobile bekommen!« – »Wer ist denn Timo Beil?«

René Rathfelder

191. Hamburg

In der S-Bahn steht ein Mann und beginnt, ausgiebig in der Nase zu bohren. Der Einfachheit halber hat er seine Stoffhandschuhe angelassen.

Tobias Urban

192. Regensburg

In der Schlange an der Kinokasse drängeln sich ein kleiner Junge und ein Mädchen mit ihrer Mutter. Der Junge boxt das Mädchen in die Seite. Die Mutter fährt herum und zischt den Jungen an: »Wir schlagen uns nicht!« Dann gibt sie ihm eine schallende Ohrfeige.

Lydia Bosch

193. Berlin

Zwei Emos steigen in die U8 am Alexanderplatz. Sagt der eine zum anderen: »Na, dann heul doch!«

Silke Weber

194. München

Bei McDonald's bestellt eine ältere Dame eine Butterbreze mit einem Kaffee. Die Angestellte weist darauf hin, dass das nicht im Sortiment ist. Die Kundin: »Was? Was habts'n dann?«

Sarah Hirschauer

195. Oldenburg

Eine Frau steht beim Bäcker und ist sehr interessiert an den Inhaltsstoffen der verschiedenen Brote und Brötchen: »Guten Tag, ich hätte gerne ein paar gesunde Brötchen, was ist denn so in diesem hier drin?« Bäckerin: »Laugenmehl und so, das sind Laugenbrötchen.« Frau: »Gut, dann nehm' ich zwei!«

Volker Störmer

196. Ettlingen

Ein Krankenwagen mit Blaulicht hält vor der Sparkasse. Zwei Rettungssanitäter eilen hinein. Daraufhin ein Passant: »Da hat wohl jemand seinen neuen Zinssatz für den Kredit erfahren.«

Anne Giertz

197. Mittweida

Zwei Frauen unterhalten sich über Kleidung. Die eine sagt, dass sie nun nur noch fair gehandelte Kleidung trägt. Die andere fragt, welche Kleidung das denn wäre. Sie antwortet: »Tchibo und die Sportmarken, denen kann man noch vertrauen!«

Vanessa Bittroff

198. Gießen

Eine Gruppe von Lehrern unterhält sich auf dem Schulparkplatz. Einer von ihnen sagt: »Ich sag' meinen Schülern immer, dass sie noch was werden können, egal wie dumm die sind.«

Christian Breidenstein

199. Hamburg

Ein älteres Pärchen küsst sich leidenschaftlich im Bus. Dann steht die Frau, auf ihren Krückstock gelehnt, auf und sagt: »Ole, es war mal wieder schön mit dir, ich melde mich.«

Anica Eigner

200. München

Ein blinder Mann mit weißem Stock steigt aus der U1 aus und geht Richtung Rolltreppe. Ein junger Mann greift ihm unter den Arm und sagt: »Kann ich Ihnen helfen?« Der Blinde erwidert: »Nein danke, ich hab's eilig«, und befreit sich dabei aus der Umarmung.

Katja Mayer

201. Kaiserslautern

Zwei Männer kommen aus einer Kneipe. Einer schaut auf die Quittung, zerknüllt sie und sagt: »Brauch ich nicht aufheben. Glaubt eh keiner, dass ich in Kaiserslautern ein Geschäftsessen hatte.«

Karin Feltes

202. Berlin

Mama mit Zigarette im Mund und ihre Tochter sind auf Fahrrädern unterwegs. Das kleine Mädchen sitzt auf einem pinken Rad mit pinkem Korb, in pinker Jacke, mit pinker Strumpfhose und pinkem Haar-Reif. Als die Mutter den Namen ruft, müssen alle Passanten grinsen. Das Mädchen heißt Rosa.

Michael Santen

203. Hannover

Vor dem Fachhochschulgebäude für Design, nach dem Auswahltest zum Studiengang. Zwei Mädchen unterhalten sich auf der Treppe sitzend über ihren bisherigen Werdegang. »Ich habe vorher eine Ausbildung gemacht, zur Tischlerin.« »Ist ja interessant, wo denn?« »In Bad Segeberg.«

Mark Klin

204. Frankfurt

Beim Bäcker in der Früh: Eine Kundin: »Ich kaufe nichts, ich, ich guck nur!« Der Verkäufer nickt. Nach einem Moment: »Ihr hattet gestern da so Brötchen.« Verkäufer: »Ja.« – »Hab ich nicht gekauft, kann selber gut backen.« Verkäufer nickt leicht irritiert: »Okay.« Stille. »Wie lang habt ihr offen?« – »Von sechs Uhr bis 19 Uhr.« – »Gut, dann komme ich später vielleicht noch mal. Tschüss!« Frau geht.

Daniel Sam

205. Emmendingen-Hochburg

Eine Mutter spaziert mit ihren beiden Kindern über einen Bauernhof. Da fährt ein Traktor mit Gülle vorbei. Die Mutter ruft ihren Kindern zu: »Schaut mal, da kommt der Milchtanker und holt die Milch von den Kühen!«

Luisa Kästner

206. München

Eine Frau redet wie ein Wasserfall auf ihren Begleiter ein. Dieser ist sichtlich genervt. Nach etwa zehn Minuten holt sie aus ihrer Tasche eine Zeitschrift und sagt: »Schau, hab ich gestern gekauft: ›Kraft durch Stille‹.«

Irene Fischer

207. Köln

In der Bahn ein Jugendlicher mit der Hand in der Hose, wird von einem alten Mann angesprochen: »Jung, hast du heute Geburtstag?« Junge: »Nein,warum?« Mann: »Dann tu die Hand von der Kerze!«

Kristina Reinhardt

208. Bamberg

Im Supermarkt kauft ein älterer Herr Sprühsahne und Hundefutter. Er sagt: »Ohne Sahne frisst mein Hund das Zeug nicht.«

Paul Mueller

209. Erfurt

Eine Kundin fragt die Verkäuferin, wo die Köpferhöhrer seien. Sie antwortet: »Dort hinten, direkt neben dem Regal mit den Walkmännern.«

Tina Bergs

210. Berlin

Zwei Partygäste stehen vor einem Technoclub. Der Türsteher mustert sie kurz, winkt sie dann freundlich durch. »Aber keinen Krach machen, ne?«

Cornelia Lütkemeier

211. München
Ein Paar geht oberhalb der Theresienwiese spazieren, sie ist hochschwanger. Beide schauen sehnsüchtig runter auf den leeren Platz. Er streicht ihr über den Bauch und sagt: »Hach, 18 Jahre kein Oktoberfest mehr …«
Katharina Hübner

212. Münster
Eine Frau kommt in einen Drogeriemarkt und fragt die Kassiererin, ob es im Laden H-Milch gäbe. Die Kassiererin guckt verwirrt und antwortet: »Das weiß ich nicht genau, aber vielleicht gucken Sie mal beim Shampoo!«
Zooey Beerhorst

213. Berlin
Zwei Männer gehen am Boxhagener mit ihren Hunden spazieren: »Wieso hast du deinen Hund ›Mugabe‹ genannt? Das ist ein Drecksdiktator.« – »Ein Hund ist das unterwürfigste Wesen der Welt. Besser kann man einen Diktator nicht verhöhnen.«
Dmitrij Kapitelman

214. Gießen
Ein Mann und eine Frau reden im Bus über die Ausbeutung der Zeitarbeiter. Der Mann ist total wütend auf die Regierung und sagt: »… du siehst doch, was das bringt. Die greifen irgendwann zum Alkohol oder die kriegen Down-Syndrom!«
Marie Grimm

215. Köln
Ein neues Weight-Watchers-Geschäft eröffnet, innen und außen wird mit gesünderem Leben, leichterem Abnehmen und leckerer Kost in Form von großen Plakaten geworben. Die Kundschaft fehlt, und so sieht man die drei Verkäuferinnen draußen. Sie rauchen alle.
Carlo Backes

216. Berlin-Neukölln

217. Landshut

Ein Zug fährt am Atomkraftwerk Isar II vorbei, da ruft der Junge: »Schau mal, Mama, ein Vulkan!«

Bettina Schwarz

218. Aachen

Ein älterer Mann kommt morgens aus dem Eingangsbereich eines Kindergartens und ruft mehrfach den Namen »Lisa«. Dann hält er inne und sagt zu sich selber: »Ach, die habe ich ja gerade abgegeben.«

Carl Carpus

219. Braunschweig

Ein Mädchen im Minirock steigt aus einem Auto aus. Ein vorbeifahrender Radfahrer pfeift und ruft: »Wow! Du hast ja Beine bis zum Boden!«

Ramona Hirsch

220. Hannover

Zwei Herren beim Verabschieden: »Ja, machs gut, und bring mir dann noch mal ne Krokodil-Lederhandtasche mit, die von Louis de Funes.«

Dennis Kück

221. Darmstadt

In einem schwedischen Modehaus richtet sich eine junge Frau mit suchendem Blick an die Verkäuferin und fragt: »Haben Sie hier eben eine ältere Frau mit braunen Haaren hereinkommen sehen?« Eine Kundin rät ihr: »Rufen Sie sie doch einfach bei ihrem Namen, sie wird sich dann schon melden!« Die Frau: »Maaaamaaaaa??!«

Caroline Cain

222. Berlin

Zwei Männer fahren im Bus an einer Reinigung vorbei. Dort hängt ein großes Schild: Pelz & Leder, Gardinen und vieles mehr. Fragt der eine: »Wer hängt sich denn Pelz- und Ledergardinen in die Wohnung?« Sagt der andere: »Na, die Reichen halt.«

Maja Samisch

223. Pulheim

In der Tankstelle. Die Kasse zeigt 45,03 Euro. Der Kunde zückt einen Fünfzig-Euro-Gutschein und leg drei Cent dazu. Darauf der Tankwart: »Geht nicht.« – »Wieso?« Darauf der Tankwart: »Gutscheine können nicht mit Bargeld eingelöst werden.« Der Kunde stutzt. Und der Tankwart legt nach: »Abitur ist halt nicht alles im Leben.«

Martin Wegner

224. Berlin
Er: »Hey, ich hab in den Ferien das Weiße Haus gesehen.« Sie: »Hä? Das Weiße Haus?« Er wieder: »Na, da, wo der amerikanische Präsident drin wohnt.« Sie: »Ach so. Sag das doch gleich. Die Farbe ist mir doch scheißegal.«
Romina Große

225. Bonn
Ein Mann bringt seinen Sohn zur Schule. Dann hält ihn ein Polizist an: »Sie wissen, dass Sie hier nicht stehen dürfen?« Der Mann: »Ich habe nur meinen Sohn rausgelassen.« Polizist: »Wenn Sie Kinder hätten, wüssten Sie, dass Kinder morgens ein bis drei Kilometer zur Schule laufen müssen, um so viel Sauerstoff zu tanken, dass sie in der Schule nicht einschlafen!«
Sabrina Leaper

226. Alfeld
Ein Mittvierziger-Ehepaar bestellt an der Kinokasse Karten. Beide zücken ihr Portemonnaie und wollen bezahlen. Sie zu ihm: »Heute bin ich mal dran.« Darauf er: «Nee, du bist erst nach dem Kino dran!«
Julian Zoller

227. Köln
Der volle Zug hat etwa zehn Minuten Verspätung, und viele Passagiere sind ziemlich genervt. Kurz vor Münster dann eine Durchsage des Zugbegleiters: »Die Frau, die so schlecht hören konnte und mich Arschloch genannt hat: Sie können Ihren Zug nach Stralsund doch noch erreichen.«
Christopher Plaschke

228. München
In einer Runde von Freunden sagt jemand, der nicht bei Facebook ist: »Ich habe mich mit Rebekka angefreundet.« Die erste Frage der Freunde aber: »Wo?«
Marc Schürmann

229. Baden-Baden
Ein kleiner Junge legt seinen Lolli auf eine Mauer. Traurig betrachtet er den Lolli und teilt das seinem Vater mit: »Mein Schlotzer ist jetzt ja ganz dreckig.« Darauf der Vater: »Steck ihn in den Mund, da wird er dann gewaschen.« Glücklich über die Lösung, landet der Lolli wieder im Mund des Kindes.
Anna Grossmann

230. Leipzig
Im Flugzeug beschwert sich eine Frau über ihren Sitzplatz. Minutenlang schimpft sie über das unfähige Personal, das ihr wieder einen Sitzplatz auf den Tragflächen gegeben hat, obwohl sie ausdrücklich gesagt hat, dort wolle sie nicht sitzen. Plötzlich setzt sich ein Mann neben sie, auf seinem T-Shirt steht »Einfach mal glücklich sein«.
Mirjam Petermann

231. Trier
In einem Uhrenladen berät die Verkäuferin eine Frau: »Diese Uhren lassen sich eigentlich beide sehr gut tragen, weil sie beide zeitlos sind.«
Mathias Flesch

232. Saarbrücken

Vormittags im Schwimmbad. Viele Rentner. Man kennt sich. »Ach, hallo, Herr Meyer! Wo haben Sie denn Ihre Frau gelassen?« – »In der Urne.«

Katharina Wuttke

233. Berlin

Am S-Bahnhof Hackescher Markt. Die S-Bahn steht schon seit Minuten da, fährt aber nicht los. Irgendwann kommt die Durchsage: »Sehr geehrte Fahrgäste, da sich auf unserer Fahrstrecke Kinder befinden und es uns leider gesetzlich verboten ist, diese zu überfahren, bitten wir Sie, die Verzögerung zu entschuldigen …«

Yvonne Zagermann

234. Leipzig

Ein Mann telefoniert mit geschlossenen Augen, greift sich immer wieder verzweifelt an die Stirn, flüstert beschwörend ins Handy. Dann wird er laut: »Kim, jetzt tu mir bitte einen Gefallen: Drück einfach die Enter-Taste.«

Anne Stolle

235. Dortmund
In der vollen Einkaufsstraße sitzt ein Mann mittleren Alters mit Bierflasche und einem Becher für Kleingeld. Laut ruft er: »Ich bin ein Wal. Rettet die Wale! Spendet!«
Geraldine Bauer

236. Karlsruhe
Im Restaurant sitzt ein Mann, der sich bei einem Freund darüber beklagt, dass er keine Frau abbekommt. Während des Gespräches sagt der Mann: »Ich will doch nicht mal was Hübsches, nur eine, vor der ich mich nicht ekle.«
Julius Lehmann

237. Köln
Aus dem Zug steigen zwei Jugendliche aus, deren Kleidung und Frisuren von japanischen Zeichentrickserien inspiriert sind. Eine junge Frau im Zug sieht diese aus dem Fenster und fragt ihren Begleiter: »Wen wollen die denn darstellen?« Darauf ihr Begleiter: »Mangos!«
Dimitrij Chudinzow

238. Heiligendamm

239. Bremen

Die Stadt ist voll, es ist Freimarkt, überall sind Karussells und Buden. Eine Mutter zieht ihre achtjährige, vor sich hin kichernde Tochter hinter sich her und schimpft: »Hör auf, dich so aufzuführen. Finde mal dein Zentrum, echt jetzt mal.«

Friederike Mönninghoff

240. München

In einem bayerischen Wirtshaus in der Ecke sitzen ein Mann und eine Frau und befinden sich offensichtlich in einem Trennungsgespräch. Schließlich kommt der Kellner. Die beiden wollen bezahlen. Der Kellner: »Getrennt oder zusammen?« Die Frau: »Getrennt, aber so was von!«

Lena Spellenberg

241. Bad Kreuznach

Gerichtsverhandlung beim Amtsgericht. Die Angeklagte kommt mit ihrem Mann in den Gerichtssaal. Beide nehmen auf der Anklagebank Platz. Richter zum Mann: »Das ist nicht Ihr Platz.« Mann: »Warum nicht? Ich sitze doch immer da.«

Christian Barth

242. Berlin

Zwei Jungs halten ihre Handys wie Pistolen und imitieren Ballergeräusche. »Was spielt ihr denn?« – »Amoklauf! Aber keine Sorge, wir tun nur so.«

Fiona Weber-Steinhaus

243. Bochum
Gebräunte Frau #1 liest gebräunter Frau #2 vor, was auf der Sonnenmilch-Tube steht: » ... Sonnenmilch eine halbe Stunde vor dem Sonnenbrand auftragen. Hä?? Wie soll ich denn vorher wissen, wann ich einen Sonnenbrand kriege?«
David Jaszyk

244. Bonn
Ansage in der U-Bahn: »Nächste Haltestelle Hauptbahnhof, Umstieg zu Bussen, S- und U-Bahnen« wird auf Englisch übersetzt, dabei fällt das Wort Subway. Darauf zwei Teeniemädchen: »Jetzt macht Subway schon Werbung in der Bahn, krass.« »McDonald's ham die gar nich durchgesagt, dabei ist der doch direkt nebenan.«
Michael Griesen

245. Heidelberg
Eine ältere Dame beim Friseur unterhält sich mit der Frau, die ihr gerade die Haare schneidet: »Da ist doch demnächst auch wieder ein Feiertag.« Darauf die Stylistin: »Ja, am 3. Oktober ist der Tag der Deutschen Einheit.« Die ältere Dame fragt erstaunt zurück: »Aha, gilt der auch bei uns in Hessen?«
Marcel Krüger

246. München
Eine Frau, um die fünfzig Jahre, betritt im Pelzmantel die U-Bahn. Eine jüngere bietet ihr freundlich ihren Sitzplatz an. Die Frau im Mantel lehnt empört ab, sie sei ja noch nicht so alt. Die jüngere Frau: »Oh Entschuldigung, ich habe gerade nur Ihren Mantel gesehen.«
Laura Ann Walter

247. Berlin
Zwei Mädchen reden über den Film »127 Hours«. Die eine zur anderen: »Ey, der musste sich selber seinen Arm abhacken, voll krass.« Die andere: »Ey, scheiß auf den Arm, der hat für den Film zwei Millionen bekommen.«
Edyta Miller

248. Augsburg
Flohmarktdialog: »Was willst du für den scheußlichen Teller da?« – »Fünf Euro.« – »Warum denn so viel für so einen scheußlichen Teller?« – »Der ist handbemalt.« – »Ja, womit denn sonst – gibt's auch fußbemalte Teller?«
Timm Klotzek

249. Hamburg
Beim Bäcker am Tresen. Eine ältere Frau bekommt wie gewünscht ihr geschnittenes Brot. Mit kritischem Blick begutachtet sie es und sagt: »Die Scheiben sind aber dick geschnitten.« Daraufhin der Verkäufer entschuldigend: »Das sind acht Millimeter, das ist bei uns Standard.« Sie sagt: »Ich hab sonst immer siebeneinhalb.«
Nikolas Knetsch

250. Frankfurt

Trainingseinheit zum Thema Allgemeinbildung, jemand meldet sich zaghaft und gibt die richtige Antwort. Darauf sein Sitznachbar: »Ey, woher weißt du so'n Scheiß, Alda?!« – »Hab ich mal in nem Buch gelesen.« Daraufhin der Sitznachbar: »Wie, hast du im Jugendknast gesessen, oder was?!«

Antje Borchert

251. Erlangen

Eine junge Mutter schiebt einen Kinderwagen durch ein Einkaufscenter. Auf ihrem Jutebeutel steht »Wasted Youth«.

Theresa Boock

252. Köln

Ein Punk schnorrt vor einem Supermarkt. Als er genug Geld für ein Bier und einen Snack zusammenhat, betritt er den Laden. Zurück bleibt ein Pappschild: »Bin sofort wieder für Sie da!«

Paul Fürhoff

253. Hannover

Zwei Mädchen spielen im Gebüsch und essen den Schnee von den Blättern. Dann sagt das eine Mädchen: »Wusstest du, dass Schnee eine Droge ist?!«

Dana Oldenburg

254. Hannover

In der Straßenbahn stehen zwei Punks, trinken Bier und unterhalten sich. Als sie die Bahn verlassen, sagt ein kleiner Junge: »Mama, die Räuber sind ausgestiegen.«

Emil Singhofen

255. München

Ein sonniger Vorfrühlingstag. An der Straßenecke telefoniert ein Mann: »Wollt mal hören, ob du den Hund schon in die Mülltonne gekloppt hast.«

Christoph Renner

256. Nürnberg

Ein älteres Ehepaar unterhält sich in der Fußgängerzone. Nachdem sie einen Kuss von ihm bekam, sagt er: »Das werde ich dir nie vergessen, du hast mich damals im Knast besucht!«

Milena Hohl

257. Dresden

Im Kino fragt jemand, wie der Trailer hieß, der gerade lief. Antwortet eine Frau: »Coming soon!«

Elsa Butter

258. Hamburg

Zwei Obdachlose sitzen am Bahnsteig eines S-Bahnhofs. Aus den Lautsprechern ist klassische Musik zu hören. Sagt der eine: »Hör mal, unser Lied!«

Patrick Bauer

259. Berlin

In einer hippen Bar bestellt ein Gast: »Ein Bier, ein Averna, bitte.« Die Barfrau: »Sorry! English, please!« Der Gast: »One Beer, one Averna.«

Silke Weber

260. Bennstedt

Im Kindergarten ging es ans Aufräumen. Die Kleinen waren eifrig dabei, nur einer fand das plötzlich lästig. Warum er denn nicht aufräume, wurde er gefragt. »Keine Lust!« Warum er keine Lust habe. »Weil ich David Hasseloff bin!« Die Erzieherin sagt: »Und ich bin Arnold Schwarzenegger, und wenn du jetzt nicht aufräumst, wird es dir Arnold mal zeigen!«

Holger Hartenstein

261. München
Eine Hipstergruppe am Nebentisch unterhält sich lautstark über den Prism-Skandal. Eine schimpft: »Das ist doch total krass, dass die NASA unsere E-Mails mitliest!« Alle nicken, es geht minutenlang um die »scheiß NASA«, die sich um kein Gesetz mehr schere.
Sascha Chaimowicz

262. Suhl
Zwei Mädchen unterhalten sich über die Titanic: »Wenn die bei der Titanic damals nämlich alle auf den Eisberg geklettert wären, dann hätten die alle gerettet werden können!«
Jule Sprafke

263. Hirschaid bei Bamberg
In einem Drogeriemarkt rennt ein Junge seiner Mutter hinterher und ruft: »Du weißt doch ganz genau, dass ich die Star-Wars-Filme immer nutze. Sie helfen mir und sind immer für mich da.«
Elisa David

264. Berlin
Flug nach München. Ein sehr großer Mann setzt sich neben eine Frau. Sein Knie stößt gegen sie. »Ich stehe auf große Männer«, sagt sie. »Ja?« – »Oh ja!« Er errötet: »Danke.« Darauf sie: »Wir sollten es langsam angehen!« – »Hä?« – »Setzen Sie sich bitte woandershin?«
Patrick Bauer

265. Kropstädt

266. Hamburg
Neben uns laufen zwei Jungs. Einer von ihnen scheint gerade etwas herausgefunden zu haben. »Schlau kombiniert, Sherlock«, lobt ihn sein Freund. Eine Freundin fragt: »Wer nennt sein Kind denn Sherlock?«
Manuela Fritz

267. Bornholm
Drei Rentnerpärchen sitzen beisammen und unterhalten sich über Spendenprojekte, die sie unterstützen. Eine Dame berichtet von ihrem Patenkind aus Kenia, von dem sie regelmäßig Fotos bekommt: »Die Ruth ist leider immer noch in der dritten Klasse, aber hat dafür jetzt schon einen riesigen Busen.«
Luisa Sancelean

268. München
Zwei Zehnjährige beleidigen sich übel auf einem Kinderspielplatz, auch wenn ihr Schimpfwortschatz noch nicht besonders groß ist. Der eine meint, mit »Du Arschgefickter« schon nicht mehr überboten werden zu können. Doch dann kommt die Antwort: »Du Unterhose mit roten Herzchen drauf!« Der erste muss daraufhin fast heulen.
Timm Klotzek

269. Berlin
Ein Paar in einer Bar. Der Herr bestellt: »Diesen Hipster-Wodka-Scheiß.« Die Bedienung bringt ihm kommentarlos eine Wodka-Mate.
Laura J. Hatting

270. Hamburg
Im Klamottenladen kreischt sich eine Gruppe weiblicher Teenies die Seele aus dem Leib. In der hintersten Sale-Ecke entdecken die Mädels ein Strickoberteil, das kürzlich von Justin Bieber in einer TV-Show getragen wurde. Nach gegenseitigem Anprobieren, Fotografieren und Posten auf Facebook sagt eine an der Kasse: »Würde Justin das nicht tragen, ich würd's mir niemals kaufen. Das ist ja potthässlich!«
Oliver Weiner

271. Aachen
Zwei ältere Damen stehen in der Buchhandlung. Sagt die eine: »Schau mal, ein Buch über Barack Obama.« Meint die andere: »Das kann doch nix sein, die kennen den doch noch gar nicht richtig, was wollen die jetzt schon ein Buch über den schreiben.«
Susanne Dietmann

272. Hannover
Beim Arbeitsamt. Eine Frau soll der Mitarbeiterin ihren Lebenslauf diktieren. »Welche Sprachkenntnisse haben Sie?« Sie: »Englisch fließend, Französisch Grundkenntnisse – und Latein.« Die Mitarbeiterin notiert. »Sprechen Sie Latein fließend, fortgeschritten oder als Muttersprache?«
Hannah Suppa

273. Quickborn
Ein Mann betritt ein chinesisches Restaurant. Er fragt: »Do you have a Chinese menu?« Die Kellnerin guckt ihn verdutzt an und antwortet: »No, we are a Chinese restaurant.«
Fabia Fürstenau

274. München

Bekanntgabe der Ergebnisse einer Psychiatrieprüfung. Aus Datenschutzgründen werden nicht die Namen der Medizinstudenten veröffentlicht, sondern nur die selbst gewählten Nick-Names. Von etwa hundert Leuten ist nur einer durchgefallen: der »Superchecker«.

Timm Klotzek

275. Gera

Zwei Jugendliche unterhalten sich: Der eine: »Du hattest aber auch schon viele Stiefväter!« Darauf der andere: »Ja, ich verstehe auch nicht, warum meine Mutter mich nicht gleich Steve genannt hat!«

Stefanie Datz

276. Berlin

Eine Touristin kann bei einer Fahrkartenkontrolle keinen gültigen Fahrschein vorzeigen. Nachdem der nette Kontrolleur ihr in gebrochenem Englisch den Unterschied zwischen Kurzstrecke und Tageskarte erklärt hat, sagt er: »But it's okay! I close one eye for you!«

Hannah Kaiser

277. Frankfurt
Eine zutiefst schwäbische Klischeefamilie. Nach der Landung kommt sie auf dem Weg vom Rollfeld zum Terminal an einer stehenden Lufthansa-Regional-Maschine vorbei. Die Tochter fragt ihre Mutter, was denn Lufthansa Regional bedeute. Daraufhin die Mutter: »Ha weisch, die flieget innerorts.«
Stefanie Schultz

278. Hamburg

Auf dem Fischmarkt ertönt die Durchsage: »Liebe Besucher, wir bitten Sie, auf Ihre Wertsachen aufzupassen. Es befinden sich Taschendiebe auf dem Markt. Taschendiebe werden gebeten, das Gelände umgehend zu verlassen.«

Sara Westerhaus

279. Hannover
Am Tag vor Weihnachten, eine volle Einkaufsgalerie. Ein Ehepaar bleibt in der Menge stehen und fängt an zu diskutieren. Die Frau redet beruhigend auf ihren Mann ein und geht dann ins nächste Geschäft. Er bleibt draußen stehen und ruft ihr empört hinterher: »Ich bin doch nicht hier, um Spaß zu haben! Ich will einfach nur die Scheißgeschenke kaufen!«
Elsa Valdemar

280. München

Ein Freund hat sich neulich einen Organspendeausweis besorgt. In das Feld »Anmerkungen/Besondere Hinweise« schrieb er: »Haut rein, Jungs!«

Hedwig Unterhitzenberger

281. Berlin
Herren-Unterwäscheabteilung, drei Mädchen stehen vor hübsch aufgereihten Männer-Boxershorts. Eines der Mädchen fasst in den Eingriff einer Boxershorts und sagt: »Boah, das ist ja cool, die haben da sogar ne Tasche.«
Juliane Probst

282. Münster
Eine Familie läuft an den Neubauten des Picassoplatzes vorbei. Das Kind fragt: »Mama, was ist ein Pikachuplatz?« Die Mutter schaut entsetzt und hilflos zum Vater, der dann sagt: »Also, diese Japaner bauen schon wieder neu hier, schrecklich, schrecklich, die Asiaten werden uns noch überrollen.«
Fabian Mrongowius

283. Mainz
Die Frau hinter dem Imbissstand niest und hustet ununterbrochen. Mitfühlend sagt eine Kundin: »Das ist aber eine schwere Erkältung!« Daraufhin die Currywurst-Frau: »Nein nein, ich bin nur allergisch gegen Curry.«
Marie-Kristin Schwaegermann

284. Köln
Der Kellner nimmt am Nebentisch die Bestellung auf. Er: »Ein Kölsch, bitte!« Nickender Kellner. Sie: »Für mich ein Radler.« Seufzender Kellner: »Wir führen keine Cocktails!«
Simon Mayer

285. Berlin
Im Supermarkt. Kurz vor Ladenschluss. Gespräch der Kassiererinnen über die Kunden hinweg: »Sag mal, was kostet das Pilsener?« – »Das was?« – »Na, das Pilsener Urknall?«
André Gröger

286. München
Im Bus nickt ein älterer Herr ein, der grad noch in sein Fremdsprachenbuch vertieft war. Sein Zeigefinger liegt noch immer an der Stelle, die er gelesen hatte. Auf dem Satz »Bitte helfen Sie mir!«.
Philipp Seeger

287. Berlin

288. Berlin

Beim Vietnamesen an einem Tisch steht ein Aquarium, darüber eine Buddhastatue. Jemand sagt, nachdem er zum Aquarium geschaut hat: »Ich muss mal kurz was loswerden: Buddha bei die Fische.«

Meera Rathai

289. Gießen

Zwei Jugendliche: »Und? Wie läuft's bei dir mit Ghosts?« – »Geht schon, lief schon besser. Und du und GTA?« – »Immer noch saugeil!«

Jonas Natterer

290. München

Während des Oktoberfestes telefoniert ein junger Mann: »Na super, Frank! Jetzt haben wir zwar Koks, aber keine Lederhosen! Das bringt doch so alles nichts!«

Judith Gorgass

291. Köln

Eine Mutter streitet mit ihrem kleinen, hibbeligen Sohn. Sie sagt: »So spricht man nicht mit seiner Mutter.« Dann flüstert sie etwas. Ein paar Minuten später verlassen sie den Bus. Der Sohn sagt laut zu seiner Mutter: »Fick dich selber.«

Peer Himmer

292. Hamburg

Ein Zettel an einem Laternenpfahl: »Hilfe! Wer hat gesehen, wo ich am 16.11. meinen Hausschlüssel vergessen habe? Bitte unter dieser Nummer melden!«

Ronja Klotz

293. Berlin

Ein Touristenpaar steigt in den Bus und fragt den Busfahrer: »Entschuldigen Sie, wie kommen wir mit Ihnen am schnellsten zum Ku'damm?« Der Busfahrer überlegt kurz, dann sagt er: »Also, ick sach ma, mit nem Hubschrauber wärnse schneller. Aber bei mir isset dafür jemütlich.«

Lars Gaede

294. Ulm

Ein Mann sitzt dösend neben einer älteren Dame, als sie ihn anstößt und ihm ein Taschentuch hinhält, ohne ihn anzusehen. »Sie haben Nasenbluten«, kommentiert sie. Er bedankt sich und versucht, das Blut abzuwischen. Es ist vergeblich. »Entschuldigen Sie, aber ich kann kein Blut finden.« Sie guckt ihn verdutzt an: »Ach, das ist ja ein Piercing!«

Melissa Harms

295. Mannheim

Am Gleis harrt ein ICE auf Weiterfahrt. Auf dem Bahnsteig davor ruft ein Mann: »Habt ihr sie noch alle? Ich warte doch nicht zehn Minuten auf so'n Scheißzug!« Es ist der Schaffner.

Philipp Schwenke

296. Hamburg
Ein Vater steigt mit seinem Sohn nach dem WM-Spiel Deutschland – Portugal in den voll besetzten Bus. Deutschland hat das Spiel 4:0 gewonnen. Sohn zum Vater: »Wann spielt Deutschland wieder gegen Portugeil?«
Amelie Schneider

297. München
Langeweile im Wartezimmer des Orthopäden. Das Zeitschriftenangebot ist mau, aber in einer Ecke hängt ein Bildschirm, auf dem Spots zum Thema Gesundheit laufen. Der Slogan der Produktionsfirma: »Wartezimmer-TV – Fernsehen, bis der Arzt kommt«.
Judith Liere

298. Bochum
In einem Eiscafé sitzen zwei Studenten, offenbar auf einem Date. Er bestellt einen »Coupe Dänemark«. Sie fragt: »Aber sag mal: Schwul bist du nicht, oder?«
Tim Röhl

299. Berlin

In einem Café. Gast 1: »Könnten Sie bitte die Tür schließen?!« Gast 2: »Ich wollte nur kurz auflassen, weil hier so ein Dampf drinsteht!« Gast 1: »Du egoistisches Arschloch!«

Sebastian Brauns

300. Stuttgart

Ein älterer Herr bestellt in einer Bäckerei einen Kaffee. Die Verkäuferin fragt ihn darauf grinsend: »Den Kaffee geschüttelt oder gerührt?« Daraufhin der Mann: »Ich wäre gerührt, wenn Sie mir einen schütteln würden.«

Bianca Schilling

301. Aachen

Ein Kunde steht im Apple Store und schaut sich das neue Macbook Air an. Eine Verkäuferin kommt vorbei und fragt, ob sie helfen kann. Der Kunde fragt: »Haben Sie einen Zettel mit einer Laptopbeschreibung?« Sie schaut sich verunsichert um und ruft: »Aber schauen Sie doch mal, wie dünn das Ding ist!«

Maria Rademacher

302. Gießen

Zwei Jungs unterhalten sich, sagt einer: »Boah, meine Mutter will jetzt, dass ich zum Konfirmationsunterricht gehe, weil das angeblich alle evangelischen Kinder machen müssen.« Der andere fragt: »Meine Mutter hat nix zu mir gesagt. Woher weiß man denn, ob man evangelisch ist?« Der andere antwortet: »Ei, geht ihr in die Kirche?» – »Ja« – »Ja ei, dann bist du evangelisch.«

Leon Althaus

303. Berlin

Falafelbude, dreißig Minuten nach dem WM-Finale. Überall Böllerlärm, hupende Autos, Flaggenschwenker, Philipp Lahm mit Pokal groß im Bild. Ruft ein Fahrradfahrer: »Ey, wer hat gewonnen?«

Andreas Spinrath

304. München

Auf dem Mittleren Ring ist ein Imbissstand, der »Uigur Grill« heißt. Der Besitzer wirbt mit einem großen Spruchband: »Wenn Sie nicht bei uns essen, verhungern wir beide.«

Michael Ebert

305. Hamburg
An der Kasse eines Kaufhauses wartet ein Kunde und möchte das neue Buch »Mängelexemplar« von Sarah Kuttner kaufen. Die Verkäuferin nimmt das Buch in die Hand, schaut es kritisch und fragend an. »Also, wie ich das jetzt schon wieder abrechnen soll, weiß ich auch nicht!«
Tim Tamke

306. Bielefeld
Ein dunkelhäutiges Mädchen geht mit seinem Freund Hand in Hand spazieren. Sie sagt: »Deine Eltern waren nur so nett zu mir, weil sie dachten, ich sei ein Flüchtling!«
Martina Kix

307. Düsseldorf
Im Supermarkt in der Obstabteilung fragt eine Angestellte ihre Kollegin: »Wo müssen denn die Granitäpfel hin?«
Iris Maschauer

308. Darmstadt
Eine junge Frau klopft völlig betrunken während der Fahrt an die Fahrertür der Nachtlinie und lallt: »Herr Busfahrer, Sie fahren wie auf Schienen, das is soooo schön.« Darauf der Fahrer trocken: »Junge Dame, das ist eine Straßenbahn!«
Pascal Schmidt

309. Berlin
Auf einem Spielplatz im Prenzlauer Berg buddeln zwei Mädchen im Sandkasten: »Schau, ich hab dir einen Kuchen gebacken!« – »Ist der vegan?« – »Das ist ein Schokokuchen!« – »Wenn der nicht vegan ist, darf ich den nicht essen. Hat meine Mama gesagt. Leider.«
Katharina Nachtsheim

310. Hamburg
Bei einer Wohnungsbesichtigung will ein Interessent vom Makler wissen, wie viele Parteien im Haus leben. Der Makler antwortet: »Grundsätzlich ist das hier eine SPD-geprägte Gegend.«
Tim Röhl

311. Erlangen
Am Rand einer Baustelle verschwindet ein Arbeiter kurz in einer mobilen Toilettenkabine. An der Tür klebt ein Schild mit dem Namen der Verleihfirma und dem Slogan: »Ihr Geschäft ist unser täglich Brot.«
Judith Liere

312. Mainz
Multiple-Choice-Test für den Master-Studiengang Journalismus an der Uni. Bei der Frage, der wievielte Bundespräsident Joachim Gauck sei, fehlt die richtige Antwort zum Ankreuzen. Als die Kandidaten den Prüfern nach dem Test eine Tageszeitung zeigen, in der die richtige Antwort steht, heißt es: »Die Zeitung ist falsch.« Als die Kandidaten die richtige Antwort bei Google präsentieren, sagen die Prüfer: »Dann wird die Frage eben gestrichen.«
Benjamin Huck

313. Berlin-Reinickendorf

314. München
Am Flughafen an der Cafétheke, morgens um acht Uhr. Eine Frau, Anfang fünfzig: »Ein Bier.« – Die Bedienung: »Pils oder Weizen?« – »Mir egal.«
Michael Ebert

315. Münster

Ein Mitarbeiter der Johanniter klingelt, um Spenden und Fördermitglieder zu werben. Nach ein paar Überredungsversuchen dreht er um und sagt auf dem Weg nach unten: »Dann haben wir demnächst vielleicht auch kein Interesse mehr an Ihrer Rettung.«

Henning Höne

316. Stuttgart

Ein etwa siebenjähriger Junge fragt seinen kleinen Bruder: »Kennst du Ötzi, den Mann aus dem Eis?« Der Bruder überlegt kurz und fragt dann zurück: »Du meinst Özil, oder?«

Sabine Kistner

317. Werder

Eine Frau hat das Unkraut auf dem Grab ihrer Oma entfernt und geht zur Mülltonne, um es wegzuwerfen. Ihr Blick fällt auf die Schrift auf der Friedhofsmülltonne: »Bitte keine heiße Asche einwerfen.«

Nina Pappert

318. Stuttgart

Auf dem Weg zur HipHop Open höre ich am Bahnhof von Bad Canstatt, wie ein Mädchen mit einem Freund streitet und meint: »Mit dem Dennis kann man echt nicht reden. – Der spuckt immer, wenn er ›Alder‹ sagt.«

Johanna Rotta

319. Hamburg

Ein junger Mann trainiert an der Tenniswand. Immer wieder verfehlt er die eigentlich sehr große Wand. Ein kleiner Junge kommt vorbei und sagt: »Du bist so dumm« und geht weiter.
Anne Paul

320. Spitzingsee

In einem Skilift erzählt ein Mann mit sächsischem Dialekt von seinen Reisen und dass das früher ja leider nur sehr eingeschränkt möglich war. Darauf eine Frau aus Norddeutschland: »Ja, da gab es ja noch nicht diese ganzen Billigfluglinien.«

Dirk Rosinski

321. Baden-Baden

Ein älteres Paar im Brillengeschäft. Sie: »Du bist dein ganzes Leben lang kurzsichtig und jetzt auch noch altersweitsichtig. Glaub mir, du brauchst eine Gleitschirmbrille!« Er nickt.

Pierre M. Krause

322. Hamburg

Zwei Frauen laufen in die »Falafel Factory«. Sagt eine: »Boah, gibt's hier nur Falafel? Was ist das überhaupt? Schmeckt das?« – »Nee, oder?« Beide gehen.

Sara Weber

323. Konstanz
In einem Café, der Kellner dreht die Anlage ein bisschen lauter. Von Weitem gestikuliert die Chefin. Ihr Mund bewegt sich hektisch. Kellner ruft: »Waaas?« Sie dreht mit einem Satz die Musik aus. Kellner: »Oh Entschuldigung, war das zu laut?« Chefin: »Ja, das habe ich Ihnen doch entgegengerufen!« Kellner: »Das habe ich ja leider nicht gehört.« Sie: »Wichsen macht taub!«
Sebastian Brauns

324. Berlin
Auf einer Party erzählt ein Mädchen davon, dass es in Jerusalem geschneit hatte. Sagt ihre Freundin: »Waass?! Das ist schon über ein Jahr her? Kommt mir vor, als sei der Facebook-Eintrag erst gestern gewesen!«
Christian Bartlau

325. München
Ein Vater liest seinem kleinen Sohn auf dem Friedhof die Inschrift eines Mahnmals vor: »Hier ruhen 4092 Opfer nationalsozialistischer Willkür.« Der Sohn fragt: »Was haben die Wildkühe denn gemacht?«
Marc Schürmann

326. Erlangen
An der Supermarktkasse fühlt sich die Kassiererin von einer Fliege gestört. In aller Ruhe greift sie unter ihre Theke, holt eine Fliegenklatsche hervor, holt aus, erledigt die Fliege und legt ihr »Instrument« zurück. Dann kassiert sie seelenruhig weiter und strahlt: »So viel Zeit muss sein!«
Ute Fleckenstein

327. Hamburg

Am Freitagabend im Zug. Die Leute sitzen im Gang auf dem Boden. Ein Schaffner bahnt sich den Weg und schimpft: »Haben die denn alle kein Zuhause?«

Leonie Seifert

328. Berlin

Kundin: »Ich möchte zwei Whiskys verschenken. Zunächst einmal an meinen Mann; zur Versöhnung.« Verkäuferin: »In welchem Preissegment suchen Sie denn?« Kundin: »Im mittleren, zunächst. Der andere Whisky darf dann durchaus teurer sein. Ihm geht es jetzt sehr viel schlechter als meinem Mann.«

Juliane Reichert

329. Rostock

Zwei Schwestern rennen auf ihre Nachbarin zu, die gerade nach Hause kommt: »Hallo, hallo, wissen Sie, ob die Beeren hier giftig sind?« Sie halten der Frau Vogelbeeren hin. – »Ja, ich glaub schon!« Die Antwort der älteren: »Boah, Scheiße, dann müssen wir Mama einen anderen Kuchen backen!«

Marieke Reimann

330. Hannover
Ein älterer Mann geht mit seiner struppigen Promenadenmischung mit Kringelschwanz in einer der schickeren Gegenden spazieren. Eine betuchte Frau mit Windhund kommt ihm entgegen. Bleibt erstaunt stehen. Sie: »Oh, was haben Sie denn da für einen? Ein Zwergschnauzer ist das aber nicht.« Er: »Das ist ein echter Cabo Roig.« Sie: »Ohhhh! Ach sooo. Ohhh.« Als sie weg ist, fragt sein Kumpel, was das für eine Rasse sei. Er: »Gar keine. Ein Straßenhund, den ich in Cabo Roig in Spanien gefunden habe.«
Sebastian Brauns

331. Münster
Supermarktkasse. Piep. Piep. Piep. Filialleiter geht vorbei. Die Kassiererin: »Na, machen Sie Feierabend?« – »Nein, ich geh backen.« – »Wacken? Was wolln SIE denn in Wacken?«
Philipp Sowa

332. Uelzen
Eine Durchsage der Schaffnerin im Zug: »Meine sehr verehrten Damen und Herren, dieser Zug fährt Richtung Göttingen. Wenn Sie nach Hamburg fahren möchten, steigen Sie bitte aus, drehen sich einmal um und steigen in den Zug am gegenüberliegenden Bahnsteig ... Nee, jetzt nicht mehr! Er fährt gerade ab, Pech gehabt!!!«
Rebekka Hintz

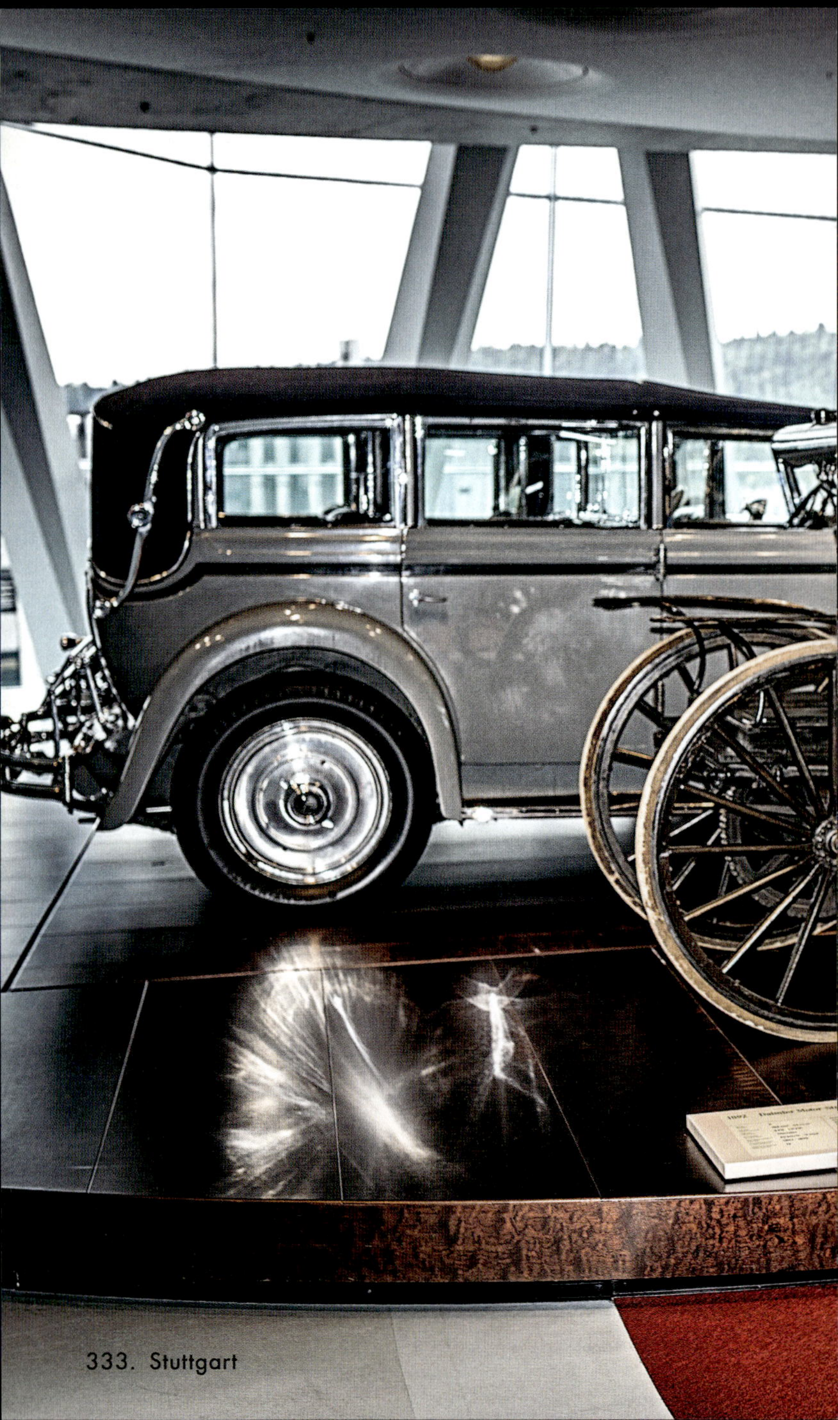

333. Stuttgart

334. Hamburg

Zwei Freundinnen unterhalten sich: »Hast du diese Grafik im Internet gesehen?« – »Welche Grafik meinst du?« – »Die mit den Balken!«

Sara Weber

335. Berlin

Kunstausstellung. Eine Frau fragt, was das auf dem Foto sei. Nach freundlicher Antwort pöbelt sie: »BOAH, wenn Sie heute noch mit jemandem reden wollen, brauchen Sie dringend ein Pfefferminz.«

Lara Wiedeking

336. München

Eine Studentin will von ihrer Hauptmieterin einen Untermietvertrag haben. Die sagt: »So was mache ich nie, das ist illegal, wenn da mein Name draufsteht!« Daraufhin die Studentin: »Hä, was ist illegal?« – »Na, das du hier wohnst!«

Marieke Reimann

337. Wuppertal

Der Regionalexpress steht. Es erklingt eine Durchsage: »Zugbegleiter, Ebola-Problem, Ebola-Problem.« Kurz darauf hastet der Schaffner durch das Abteil. Die Auflösung kommt nach fünf gruseligen Minuten: »Meine Damen und Herren, wir haben ein Software-Problem.«

Julian Mertens

338. Leipzig

Bei einem Bäcker. Ein Mädchen trägt an seiner Strickjacke einen Button mit einem Bild von James Dean. Die Verkäuferin: »Oh, ist das Ihr Freund?« – Das Mädchen: »Nee, leider nicht.« – »Na ja, was nicht ist, kann ja noch werden.« – »Das wird ein bisschen schwierig, der ist tot.« Die Verkäuferin: »Ach Mensch, ich krieg och gar nichts mehr mit.«

Rebekka Zimmer

339. Regensburg

Eine Mutter schiebt ihren Sohn im Kinderwagen. Kurz vorm Jakobstor kommt beiden ein Mann entgegen. Die Mutter und der Mann grüßen sich im Vorbeigehen. Der Junge fragt seine Mutter: »Mama, wer war das denn?« Die Mutter darauf: »Du, das war dein Papa.«

Deniz Aykanat

340. Leinefelde

Ein älterer Herr steht vorn in der Reihe beim Brötchenholen. Ein weiterer älterer Mann betritt den Bäckerladen und ruft nach vorn zum Ersteren: »Mensch, Wolfgang. Dich gibt's ja immer noch. ... Und ich hab schon immer hinten in der Zeitung geschaut, ob deine Annonce drinsteht.«

Christina Große

341. Hamburg

Ein vollbesetzter Bus an einem Dauerregen-Tag zur Feierabendzeit, die Passagiere sind nass und genervt. Ein kleines Mädchen kriegt einen Tobsuchtsanfall: »Taxi fahren! Mama, Taxi fahren! Taaaaaaxi!«

Judith Liere

342. Mannheim

Fußballabteilung im Sportladen: Junger Mann: »Guten Tag, ich suche einen FC-Bayern-Schal. Können Sie mir sagen, wo ich den finde?« Verkäufer: »Die sind gerade aus. Geht auch einer von Schalke?«

Nina Himmer

343. München
Eine Studentin wäscht Sonntagmorgen im Keller eines Mehrfamilienhauses Wäsche. Wütend kommt ein älterer Nachbar in die Waschküche und brüllt sie an: »Spinnen Sie? Heute ist Sonntag!« Daraufhin die Frau: »Ja und bevor ich zur Kirche geh, wollt ich meine Blusen noch mal rein waschen!«
Marieke Reimann

344. Berlin

In einem Fahrradladen zeigt der Kunde auf ein Bügelschloss. »35 Euro«, sagt der Verkäufer. »Ist mir zu teuer«, sagt der Kunde. »15 Euro für das Kettenschloss«, antwortet der Verkäufer. Der Kunde zögert immer noch. Daraufhin deutet der Verkäufer auf ein sehr dünnes Schloss: »Dit kostet 7,95 Euro. Wird in Branchenkreisen auch Geschenkband genannt.«

Theresa Breuer

345. Frankfurt
Ein älterer Autofahrer parkt den Fahrradweg zu und läuft in Richtung Kiosk. Ein Fahrradfahrer ruft ihm hinterher: »Weil Sie hier so parken, muss ich abbremsen!« Darauf der Autofahrer: »Ach, das ist doch nicht deine Straße, zahl du doch erst mal Steuern!«
Felix Ehring

346. Hamburg
Auf einer Hafenrundfahrt sagt ein kleiner Junge zu seinem Vater, als sie an der »Queen Mary 2« vorbeifahren: »Papa, das Schiff ist ja bestimmt fünfzigmal so groß wie mein Hochbett!«
Stefanie Borowsky

347. Tübingen
Ein sportlich gekleideter Mann steigt in den Zug ein. Er trägt ein T-Shirt mit dem Print »Fingerboarding is awesome«. Sein rechter Daumen und Zeigefinger sind geschient.
Julia Tewes

348. München
Eine Abteilung innerhalb eines Konzerns zieht in neue Räume. Ein paar alte Akten sollen vernichtet werden, das Umzugsunternehmen soll die Kisten mit den Akten entsprechend beschriften. Frage an den Umzugsbeauftragten: »Was sollen wir draufschreiben? Gibt's da ein Lager?« – »Ja, einfach Vernichtungslager draufschreiben.«
Peter Waller

349. Berlin
Lange Schlange in einer Bäckerei. Dicker Motorradrocker kommt rein, zauseliger Bart, schwarze Lederjacke, schwere Stiefel. Er marschiert an den Leuten vorbei, schubst eine Oma zur Seite, baut sich vor der Verkäuferin auf und sagt: »Ich hätte gern zwei Zöpfe!«
Juliane Schiemenz

350. Mannheim
Omas im Wohnzimmer: »Man hat mehr Freude an den Filmen, wenn man die DVD nach dem Gucken immer gleich schön zurückspult.«
Alexander Zimmermann

351. Groß-Gerau
Am Bahnhofskiosk fragt die Kundin: »Haben Sie *Die Zeit*?« Der Verkäufer antwortet: »Ja«, dreht sich nach links, guckt hoch und sagt: »Elf nach vier.«
Renate Bauer

352. Hamburg

Hipster-Kneipe auf der Sternschanze. Zwei wild gestikulierende Mädels. Plötzlich brüllt die eine: »Und dann wollte er einfach so anal!«

Lara Wiedeking

353. München

Kassiererin und älterer Herr sprechen übers Alter. Mann: »I bin scho 80.« Kassiererin: »Ja, dann könnten's ja mei Vater sei!« Mann: »Na. Ihre Mutter war mir zu greißlich.«

Miriam Zöllich

354. Dresden

Gespräch in der U-Bahn. Ein frischgebackener Vater unterhält sich mit einer Bekannten. Sie: »Ach, euer Baby ist endlich da? Wie schön! Und wie heißt es?« Er: »Finian Benedikt Gotthold.« Sie: »Och, na, ich sag ja immer: Hauptsache, gesund!«

Juliane Schiemenz

355. Berlin

Eine Kundin verlässt die Bäckerei mit vollem Bierkasten und Brötchen in der Hand. Ein Passant sieht, dass sie sich mit der Tür abmüht. Er öffnet sie mit Schwung und sagt breit grinsend: »Suff hat Vorrang.«

Mirjam Schmitt

356. Frankfurt

Ein altes Ehepaar im Zug, kultiviert, beide lesen in »Le Monde diplomatique«, sie haben sich die Zeitung aufgeteilt. Sie: »Bist du denn schon in Afrika?« Er: »Nee, ich versuch gerade, Mekka zu erreichen.«

Christian Heinrich

357. Diera

358. Freising

Bei einem Konzert im Jugendclub haben die Bands ihr Merchandising aufgebaut. Auf einem Tisch liegt neben Shirts auch haufenweise Infomaterial von PETA. Ein Mann Mitte 40 guckt es sich interessiert an und fragt: »Wer von euch ist bei PETA?« Der Junge hinter dem Stand antwortet irritiert: »Peter? Der ist im Raum nebenan und spielt Bass.«

Jasper Ruppert

359. Hamburg
Zwei alte Frauen in der S-Bahn über einen gemeinsamen Bekannten: »Kriegt Manfred jetzt eigentlich auch Mütterrente?« – »Nee, der hat die Kinder ja damals nicht gesäugt.« – »Aber er hat sie doch ganz alleine großgezogen?« – »Na ja, das reicht leider nicht.«
Philipp Alvares de Souza Soares

360. Celle

Zwei kleine Mädchen spielen im Bioladen mit einem Kindereinkaufswagen. Die eine: »Ich hab einen Computer!« Die andere: »Denkst du, ich nicht? Jeder Mensch braucht einen Computer.«

Jovanna Herbart

361. München
Samstag im Karstadt, gedrängt stehen die Menschen im Aufzug. Ein älterer Herr furzt. Es stinkt außerordentlich, alle schweigen. Dann öffnet sich die Tür, und aus den Lautsprechern flötet eine Stimme: »Kosmetikabteilung. Entdecken Sie mit uns die neuen Herbstdüfte.«
Michèle Loetzner

362. Leipzig

Verkäuferin zu einer Kundin im Schuhgeschäft: »Wir haben eine Rabattaktion, wenn Sie drei kaufen, müssen Sie nur zwei bezahlen!« Daraufhin die Kundin: »Was soll ich denn mit drei Schuhen?«

Marieke Reimann

363. Bochum
Ein junger Mann sitzt an der Bushaltestelle und ruft seine Freundin an, um ihr zum Geburtstag zu gratulieren: »Tach! Alles Gute und so ne. Kann leider nicht kommen, Bahnticket is zu teuer. Tschüssss!«
Yvonne Adamek

364. Berlin
Südländischer Typ in Kreuzberg an der Ampel: »Hey, schöne Frau. Bist du Türkin?« – »Nee. Aus Bayern.« – »Also Deutsche?« – »So ähnlich.« – »Hm. Willst du dich mit mir treffen?« – »Bin verheiratet.« – »Ja, ich auch. Also?«
Miriam Zöllich

365. Flensburg

»Aber Sie kaufen hier an einem Biostand!« Ältere Dame: »Ich bin ja nicht so für Bio.« Verkäuferin: »Dafür schmeckt's wie aus dem eigenen Garten!« Ältere Dame: »Ich hab keinen Garten!«

Hannah Kraft

366. Rostock

Im Tretbootverleih fragt der Vermieter die Mutter mit kleinem Sohn, ob sie ein Boot mit oder ohne Rutsche wolle. Daraufhin die Mutter: »Ohne, sonst fällt er nur die ganze Zeit ins Wasser.«

Marieke Reimann

367. Hamburg

Es klingelt an einer Erdgeschosswohnung auf St. Pauli. Vor der Tür steht ein Typ mit einem Edding in der Hand. »Hey, kann ich noch ein Tag an deine Wohnungstür malen?« – »Äh, nee, lass mal.« – »Okay! Gut, dass ich gefragt habe!«

Judith Liere

368. München
Sorgen eines Münchener Türstehers. »Früher haben wir Leute in Tracht bevorzugt reingelassen. Da wusste man die haben Geld. Aber seit es die Sachen schon für 100 Euro gibt, ist da auch kein Verlass mehr drauf. Alles wird schwieriger.«
Dmitrij Kapitelman

369. Berlin
»Könnten Sie mir die Erdbeeren vielleicht noch in eine Plastiktüte einpacken? Das wäre sehr freundlich!« – Verkäuferin: »Plastiktüte?! Wieso denn das?!« – »Na, ich bin mit dem Fahrrad unterwegs. Und gestern sind mir schon Erdbeeren zermatscht.« – Verkäuferin: »Na, dann fahren Sie eben vorsichtig.« – »Na ja, in Berlin ist das mit dem Kopfsteinpflaster ja so eine Sache mit dem Vorsichtigfahren.« Verkäuferin: »Junger Mann, jetzt fahren Sie mal schön langsam. Dann brauchen Sie auch keine Plastiktüte. Wo kommen wir denn da hin.«
Sebastian Brauns

370. Markranstädt
In einer Kaufhalle fragt die Kassiererin einen alten Mann, der gerade bezahlen will, ob er einen Kassenzettel braucht. Der ältere Herr kneift nur kurz die Augen zusammen, lächelt und antwortet sichtlich gelassen: »Nein danke. Wissen Sie, meine Ehefrau liegt mittlerweile in einer Urne. Da kann sie ihn nicht mehr lesen.«
Holger Putz

371. Essen
Im Zug steigen zwei junge Männer ein. Einer groß und kräftig, der andere eher schlaksig und etwas ungelenk. Als der Dünne versucht, den Koffer des Kräftigen anzuheben, muss er kapitulieren. »Mann, ist der schwer!« Der Kräftige grinst. »Ja, kein Wunder. Meine Sachen sind ja auch viel teurer als deine.«
Yvonne Adamek

372. Berlin
Eine alte Frau steht beim Bäcker und bestellt Kuchen. »Ist der auch frisch?« – Bäckerin: »Natürlich!« Als die alte Dame weg ist, wendet sie sich an ihre Kollegin: »Haste gehört? Die denkt wohl, der Kuchen ist so alt wie ich.«
Cornelia Lütkemeier

373. Lindau
Toiletten an einer Autobahn-Raststelle, älterer Mann mit schniekem Anzug raunt der dunkelhäutigen Klofrau im Vorbeigehen zu: »Euch Ausländern bezahl ich nix, dass ihr mir hier den Dreck wegputzt.« Frau, höflich, akzentfrei: »Ich wurde in Deutschland geboren. Ich habe einen deutschen Pass.« Mann, verlegen: »Oh, wenn das so ist …«, zückt den Geldbeutel und legt einen Fünf-Euro-Schein auf den Teller.
Simon Hurtz

374. München
In einer WG fragt ein Student seine Mitbewohnerin, warum sie immer sämtliche Stecker in der Wohnung zieht. – »Na, wir hatten doch 400 Euro nachzuzahlen!« Daraufhin der Student: »Aber das ist doch nicht viel, unser Rekord liegt bei 1500 Euro!«
Tine Reimann

375. Hamburg
Mitfahrgelegenheit beim Einsteigen, Fahrersitz: »Ihr müsst mir ein bisschen helfen, ich hatte ne Netzhautablösung und kann kaum sehen.«
Claudia Beckschebe

376. Mering
In der Regionalbahn, Sohn zum Vater: »Papa, wann sind wir in Augsburg?« Vater mit schwäbischem Akzent: »Augschburg, Junge, des hoisch Augschburg!!!«
Miriam Zöllich

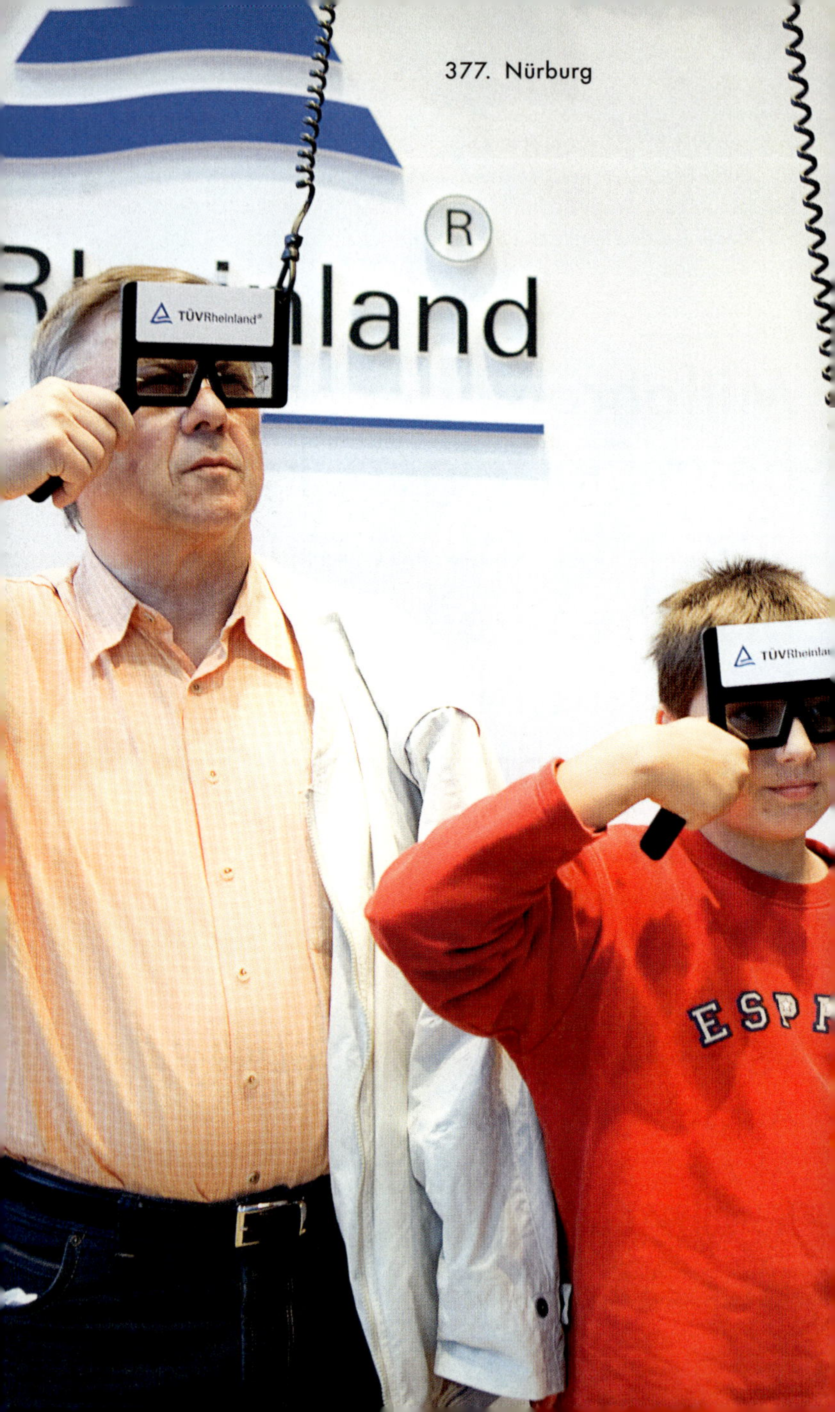

377. Nürburg

TÜVRheinland®

378. München

Im Außenbereich eines Brauhauses an einem Sonntagmorgen beim Oktoberfest. Frau: »Könnte ich bitte ein großes Glas Wasser bekommen?« Kellner: »Wasser gibt's am Klo.«

Matthias Thiele

379. Berlin

Ein Paar geht mit seinem jungen Sohn an einer Telefonzelle vorbei. Sohn: »Was ist das für ein Kasten?« Mann: »Eine Telefonzelle, da kann man telefonieren.« Sohn: »Und wofür braucht man dann noch Handys?«

Simon Hurtz

380. Rostock

In einer WG: Eine Studentin kommt abends nach Hause. In der Küche trifft sie ihre zwei Mitbewohner, der Küchentisch steht voll mit Geschirr. »Warum habt ihr alles ausgeräumt?«, fragt sie. – »Wir haben gedacht, ab jetzt stehen nur noch die hübschen Sachen im Schrank.«

Tine Reimann

381. Hamburg

Wohnung eines Pärchens. Sie ist Juristin, er BWLer. Es klingelt an der Tür. Ein Handwerker will die Zählerstände ablesen, hat aber keinen Termin. Sie: »Du lässt den rein? Ohne Befugnis?« Er: »Solange es nichts kostet ...«

Alexander Zimmermann

382. Wilhelmshaven

In der Bahnhofsbuchhandlung drängelt sich eine alte Dame ungeniert an der Kasse vor. Eine Kundin spricht sie an. Darauf sie: »Das habe ich früher nie gemacht. Aber jetzt bin ich 95 Jahre alt. Ich habe fürs Warten keine Zeit mehr!«

Martin Wein

383. Bayreuth

Eine Tante klärt ihre beiden Nichten auf. Daraufhin gehen die beiden zu ihrer Mutter und wünschen sich ein Brüderchen. Die Mutter: »Da müssen wir mal fragen, ob der Papa uns eins beim Otto-Katalog bestellt!« Die eine zu ihrer Schwester: »Hab dir doch gesagt, dass die Mama nicht weiß, wie das geht!«

Anja Kellner

384. Tübingen

Ein Polizist bricht die Wohnungstür auf und ruft: »Ausweiskontrolle!« Der Beamte ist betrunken, findet ein Bier im Tiefkühlfach und setzt sich an den Tisch.

Juliane Reichert

385. Berlin

Kneipe während des WM-Spiels, Deutschland gegen Portugal. Gast fragt den Wirt: »Warum gibt's hier keinen Fernseher?« Wirt geht kommentarlos nach draußen, kommt mit einer Tafel zurück, darauf handschriftlich: »Fußballfreie Zone!!!« Gast steht auf. Wirt: »Ja schleich di nur, ich bin Wiener, die WM geht mir sonstwo vorbei.«

Simon Hurtz

386. Rostock

In einer WG: Eine schimmelige Mandarine gammelt seit drei Wochen auf dem Kühlschrank. Die Mitbewohnerin zum Mitbewohner: »Wem gehört'n die Mandarine? Kann die weg?« Darauf antwortet der Mann, dass es die Mandarine des dritten Mitbewohners sei und er sie dorthin gelegt habe, damit der seinen Müll selbst wegschmeißt.

Tine Reimann

387. Hamburg

In einem Fischladen in Blankenese bestellt ein Mann geräucherten Lachs mit Dillsoße. Die Hamburger Verkäuferin: »Die Kombination verkaufe ich Ihnen nicht. Entweder Sie nehmen Meerrettich dazu oder wir lassen es.«

Sascha Chaimowicz

388. München
Auf der Terrasse eines Cafés am Gärtnerplatz: Ein Junge summt die Fanmelodie vom FC Bayern München vor sich hin. Am Nebentisch sitzt bisher unerkannt Bastian Schweinsteiger. Er hört den Jungen und stellt sich dem kleinen Fan vor: »Das ist ja ein schönes Lied, das du da singst, ich bin Sebastian Schweinsteiger!« Der Dreijährige dreht sich empört zu seinem Vater um und sagt: »Ich und der kleine Frederick sind doch schon der Schweinsteiger!«
Anja Hoppe

389. Bremen
In der Fußgängerzone spielt ein bärtiger Mann mit Countrygitarre: Dylan, Cohen, The Doors. Ein Mädchen schmeißt 50 Cent in seinen Gitarrenkoffer und will dafür ein Lied von One Direction hören. Der Gitarrenspieler bedankt sich für das Geld und sagt, dass er »One Direction« leider nicht kennt. Das Mädchen denkt nach, nimmt die 50 Cent wieder aus dem Koffer und läuft davon.
Moritz Herrmann

390. Ulm

Im Zug sitzen ein Mädchen und ein Junge. Sie: »Ey, weißt du, was voll krass ist: Ulm liegt in Baden-Württemberg und Neu-Ulm in Bayern.« Er: »Echt, ey? Glaub ich nicht.« Sie: »Wir fragen den Schaffner, um was wetten wir?« – »Um Respekt«, schlägt er vor, sie willigt ein: »Okay, um Respekt und um Schlauheit.«

Anna Kistner

391. Berlin

Ein Typ schreit durchs Abteil: »Sagt mir eine Zahl! Irgendeine! Sagt mir eine Zahl!« Er hört nicht auf. Alle sind genervt. Da erschallt aus der Ecke eine Stimme: »Seven!« Der Typ gibt Ruhe und steigt aus. Alle sind froh, dass der Verrückte weg ist. Da erschallt es wieder aus der Ecke: »Seven!«

Juliane Schiemenz

392. Konstanz

Im Supermarkt in der Schlange, ein Obdachloser sagt zur Kassiererin: »Weißt du was? Du bist scharf wie Schaschliksoße!«

Sebastian Brauns

393. Hamburg
Ein Burrito-Laden in Hamburg. Man stellt sich seinen Burrito-Wrap selbst zusammen. Ein Mann fragt die Verkäuferin, was sie empfehlen könne. Antwort: »Da bin ich überfragt. Nach meinem Geschmack ist hier gar nichts.«
Sascha Chaimowicz

394. München
In einem Café in München. Erwachsene Tochter: »Na, Mama, ist doch toll, dass du jetzt WhatsApp hast, oder? Durch den Gruppenchat hast du deine Kinder quasi am digitalen Küchentisch immer um dich.« Mutter: »Ja, total super. Da kann man sie nämlich abschalten.«
Miriam Zöllich

395. Gelsenkirchen
Nach einer Familienfeier: Vorne sitzt Oma mit einem leichten Schwips. Hinten sitzen die Cousinen und ihre beste Freundin. Die eine Cousine bleibt beim Aussteigen kurz mit ihrem Hintern am Sitz der Oma hängen. Sagt die Oma: »Gute Nacht! Und denk immer daran: Schlägt der Arsch auch Falten, wir bleiben stets die Alten!«
Yvonne Adamek

396. München
In der Münchner Innenstadt sitzt ein Mann auf der Parkbark und liest konzentriert die FAZ. Ein offenbar angetrunkener Mitzwanziger scheint irritiert: »Oh, Eure Lordschaft studiert die Zeitung. Wann geht denn die Pferdekutsche zurück aufs Landhaus?« Er dreht sich angewidert ab: »Freak!«
Tobias Moorstedt

397. Berlin
In einem Supermarkt in Kreuzberg 61. Jugendlicher Nr. 1: »Eye, Alda, kennst du Rote Bete?« Jugendlicher Nr. 2: »Neee, was is das?« Jugendlicher Nr. 1: »Is so voll krass rotes Zeug.«
Matthias Thiele

398. Hamburg
Die Mutter erklärt ihrer etwa vierjährigen Tochter, dass sie sich gleich mit Oma treffen. Da fragt das Kind: »Mama, hatte die Oma eigentlich auch mal Kinder?«
Christian Heinrich

399. Friedrichshafen
Unterhaltung mit Kommilitonen, es geht um Max Frisch. »Wie heißt noch mal das Buch mit dem Schwulen im Titel?« Fragende Gesichter, irgendwann vorsichtig: »Meinst du Homo Faber?« – »Ja, genau!«
Simon Hurtz

400. Ulm
Der Zug hat Verspätung, Durchsage vom Schaffner: »Den RE, den kriegen Sie nicht mehr. Selbst wenn Sie sportlich sind. Von Gleis fünf nach fünfzehn in einer Minute: Das will ich sehen.«
Lina Timm

401. Bremen-Nord

402. Friedrichshafen

Kassiererin, freundlich: »Sammeln Sie Treuepunkte?« Kunde: »Also, wenn es Herzen wären …« Kassiererin, genervt: »Wissen Sie eigentlich, wie oft ich mir den Schmarrn jeden Tag anhören muss?«

Simon Hurtz

403. Lingen

Ein Kunde bestellt bei der Bäckereifachverkäuferin ein frisch belegtes Brötchen, da in der Auslage keine mehr vorhanden sind. Antwort der Angestellten: »Ich bin leider erst im zweiten Lehrjahr und darf noch keine Brötchen schmieren.«

Mariusz Kusmierek

404. Berlin

Eine Gruppe Jugendlicher, einer mit pinken Haaren sagt: »Ich brauch dringend mal wieder 'ne neue Haarfarbe.« – »Wie wär's mit Grün?« – »Nee, das geht gar nicht. Da mach ich mich doch lächerlich.«

Simon Hurtz

405. München

Der ICE hat zwanzig Minuten Verspätung. Kurz vor München sammeln sich die Leute im Gang, um auszusteigen. Ein Mann regt sich besonders laut auf: »Die Penner von der Bahn verarschen uns Kunden von vorne bis hinten!« Als er aussteigt, sieht man ein Logo auf seiner Jacke. Es ist das der Telekom.

Hannah Pilarczy

406. Nürnberg
In einem Altenheim schauen mehrere Senioren das WM-Spiel Deutschland gegen Brasilien. Eine ältere Dame wird von ihrem Sitznachbarn geneckt, nachdem sie sich erneut nach dem Spielstand erkundigt hat. Daraufhin stößt die Seniorin dem älteren Herrn kommentarlos ihre Krücke gegen das Schienenbein: »Gretel, das ist immer noch Fußball, nicht Eishockey.«
Sonja Salzburger

407. Bayreuth

Die Beamtin beim Finanzamt fordert eine Liste der gekauften Bücher. Ein Drittel der Bücher auf der Liste erkennt die Beamtin aber nicht an und sagt: »Diese Bücher können Sie gar nicht für Ihre Arbeit verwenden. Die lese ich ja auch.«

Julia Knapp

408. Hamburg
Eine hochschwangere Frau an der Kasse im Supermarkt stellt ihren Einkauf auf das Laufband: Nutella, Weißbrot und Schokoladenmüsli. Die Dame schaut erst auf meine Einkäufe, dann vorwurfsvoll: »Also, bei Ihrer Figur würde ich ja lieber mehr Gemüse einkaufen.«
Yvonne Adamek

409. München

Eine Familie sitzt um einen Tisch im Restaurant. Die vierjährige Tochter pupst. Vater: »Wie oft muss ich dir eigentlich noch sagen, dass man so etwas nicht macht?« Das Mädchen überlegt kurz: »Noch 100-mal, Papa.«

Vivian Alterauge

410. Stuttgart

Jemand telefoniert mit dem behandelnden Arzt eines Physiotherapie-Patienten: »Könnten Sie das Rezept bitte verlängern, der Patient hat nach wie vor Schmerzen.« Arzt: »Das Budget für dieses Quartal ist leider ausgeschöpft.« – »Aber der Patient muss doch behandelt werden, wenn er Schmerzen hat.« – Arzt: »Ja, wissen Sie, ich kann mir morgens auch keine Brötchen mit leisten.«

Ulrike Brauns

411. Hamburg

Ein Fahrgast: »Darf ich Ihnen etwas zum Abschied sagen?« – »Ja bitte.« Fahrgast: »Ist Ihnen einmal aufgefallen, wie oft Sie die Worte ›scheiße‹ und ›geil‹ verwenden?« Ein Kollege: »Ich verrate Ihnen etwas: Er ist Lehrer!«

Hanno Gerhold

412. Weinsberg

Eine Frau springt plötzlich vom Kaffeetisch im Garten auf, rennt zum Rasenmäher und stellt sich posierend neben ihn. Fragt jemand: »Was tust du da?« – »Ich suche mir einen Mann.« – »Was?« – »Ich höre Handwerker im Nebenhaus und hoffe, dass sie merken, dass ich den Rasenmäher nicht alleine anbekomme.«

Renate Lindner-Klodt

413. Bayreuth

Eine Frau kommt aus dem Freilichttheater. Sie geht zum Auto. Wie üblich bei Veranstaltungen dieser Art waren Parkplätze rar. An der Windschutzscheibe klemmt daher auch ein Zettel unter dem Scheibenwischerblatt. »Abstand beim Einparken. DU VOLLPFOSTEN!«

Julia Knapp

414. Berlin

Eine junge Frau steht an der Kasse eines Drogeriemarktes und möchte bereits gekaufte Trauerkarten wieder zurückgeben. Darauf sagt die Kassiererin: »Is derjenige wieder ufferstanden oder wat?«

Laura Kräh

415. Bonn

Der Kellner balanciert mehrere Teller zum voll besetzten Tisch. Ein schlaksiger Mann streckt ihm mit leuchtenden Augen die mageren Ärmchen entgegen und ruft: »Ich habe die Hühnerbrust!«

Ji-Young Ahn

416. Hamburg

Ein Mädchen steht auf einer Party und schaut auf ihr Smartphone. Fragt sie ein Gast: »Warum redest du denn mit niemandem?« – »Warum sollte ich? Ich folge hier doch allen bei Twitter!«

Martina Kix

417. Berlin

Vier Jugendliche, zwei Jungen, zwei Mädchen, steigen in ein U-Bahn-Abteil. Eines der Mädchen sagt: »Ey – und dann hat sie einfach ihr Alter nicht verraten.« Die andere erwidert: »Raff ich auch nicht. Sie ist doch zwanzig. Wenn sie 28 wäre, würde ich das ja verstehen.« Die Gruppe nickt bedächtig.

Vivian Alterauge

418. Konstanz

Kommt ein großer Mann mit seinem Kumpel in die Buchhandlung. Er schaut sich verloren in den Stapeln um und fragt die Frau an der Kasse: »Was kostet denn durchschnittlich ein Buch?« Schweigen. »Reichen dreißig Euro?«

Hanno Gerhold

419. Weinsberg
Mathematikunterricht in der 12. Klasse. Eine Schülerin fragt den Lehrer: »Warum haben Sie mir mündlich nur acht Punkte gegeben?« Lehrer: »Sie fragen sehr oft nach. Das zeigt mir, dass Sie vieles nicht verstanden haben. Sie sind einfach keine Zweier-Schülerin!« – »Wie erklären Sie sich dann meine zehn Punkte in den Klassenarbeiten?« Lehrer: »Das kann ich mir auch nicht erklären.«
Julia Knapp

420. München
Ein kleiner Junge versucht, auf dem Spielplatz den Song »Englishman in New York« nachzusingen. Originaltext: »Whoa, I'm an alien, I'm a legal Alien, I'm an Englishman in New York.« Der Junge singt: »Whoa, I'm an Alien, I'm a little Alien, I'm an Alien in New York.«
Tobias Korte

421. Hamburg
Rauchmelderüberprüfung in der Wohnung. Aus dem Schlafzimmer ruft der Prüfer: »Hier hängt kein Rauchmelder. Hier sollte aber ein Rauchmelder hängen. Wieso hängt hier kein Rauchmelder?« Der Bewohner: »Da hing noch nie ein Rauchmelder.« Er: »Wollen Sie im Schlaf verbrennen?« – »Eigentlich nicht. Was soll ich jetzt machen?« Er: »Gute Frage. Am besten kein Feuer.«
Moritz Herrmann

422. Berlin
Auf dem Flohmarkt ruft ein Händler über die Stände hinweg: »Ey, hat mal wer 'ne Zigarette?« Schweigen. Dann antwortet ein anderer: »Frag doch den Horst!« Ein Dritter: »Nein, Horst hat keine Zigaretten. Horst hat nur Frauen. Vielleicht auch für dich!«
Vivian Alterauge

423. Fellbach
Eine Lehrerin ermahnt einen störenden Schüler in der achten Klasse: »Na, da spielen bei dir wohl wieder die Hormone verrückt. Du bist eben in der Pubertät.« Schüler: »Na, da spielen bei Ihnen wohl wieder die Hormone verrückt. Sie sind eben in den Wechseljahren.«
Sebastian Brauns

424. Salzgitter

Anruf bei einem Mobilfunkanbieter, um einen neuen Vertrag abzuschließen, mit dem dieser auf seiner Webseite wirbt. Der Kundenbetreuer will aber lieber den alten Vertrag mit schlechteren Konditionen verlängern, weil er dafür offenbar Provision erhält. Er: »Der Vertrag auf der Webseite ist nur eine Verarsche für Neukunden.« – »Wenn Sie Ihre Kunden verarschen, möchte ich lieber nicht mehr Kunde bei Ihnen sein.« Er: »Wieso, das macht die Telekom doch auch.«

Finn Marzoll

425. Bremen

Ein Paar wartet auf den Flug nach Venedig. Zum Zeitvertreib schauen sie Fernsehen auf dem Laptop. Es ist Nacht. Darum wird der Film immer wieder von Erotikwerbung unterbrochen: »Ruf an! 616161! Spiel mit mir! Direkt von hinten!« Kurz darauf der Passagier-Aufruf der Airline. »Liebe Fluggäste, einsteigen können Sie jetzt direkt von hinten.«

Finn Marzoll

426. München

Eine Frau mit Kinderwagen und ein Rollstuhlfahrer kommen sich auf einem Gehweg entgegen. Platz genug, um aneinander vorbeizukommen – aber sie steuern direkt aufeinander zu. Vor einem Zusammenstoß bleiben beide stehen. Die Mutter: »Ich habe einen Kinderwagen.« Der Rollstuhlfahrer: »Ich bin behindert.« Pause. Schließlich die Mutter: »Scheiß Rechthaber«, dann lenkt sie den Wagen aus dem Weg.

Michael Ebert

427. Berlin
In einem kleinen Handyladen steht ein grauhaariger Mann hinter dem Tresen. Ein Jugendlicher kommt herein, er zappelt und lallt ein wenig, zeigt sein Smartphone. Das Display ist zerborsten. »Du musst das wieder retten, los«, sagt er. Der Ladenbesitzer grinst. »Ja, du kannst ohne dein Handy nicht leben. Und ich – ich aber auch nicht.«
Vivian Alterauge

428. Bremen
Im »Stubu Dancehouse«, einem Club auf mehreren Etagen, der DJ im Keller spielt »Beat It« von Michael Jackson. Daraufhin ein Halbstarker mit Undercut, Lederjacke und Silberkette zu seinem Kumpel: »Ey, Bruder, lass mal bitte gehen. Hier ist schon wieder diese Indiemottoscheiße heute.«
Moritz Herrmann

429. Rottweil
Der Referendar sitzt in der letzten Reihe des Klassenzimmers einer fünften Klasse. Neben ihm rutscht ein Junge unruhig auf seinem Stuhl herum. Plötzlich hält er es nicht mehr aus und sagt: »Du hast ja Haare in den Ohren!«
Sebastian Brauns

430. München
Ein altes Ehepaar betrachtet am Bürstenstand einen besenförmigen »Fransenkamm«, offensichtlich für Teppichfransen gedacht. Fragt die Frau: »Wofür soll das sein? Für Pferde?«
Bettina Kramps

431. Hamburg
Anruf bei einer Hamburger Maklerin: »Es wäre super, wenn Sie mir eine Wohnung suchen könnten. Wir suchen Folgendes ...«
Maklerin: »Ich kann Ihnen doch keine Wohnung suchen. Das wäre ja verrückt! Dann würde ich ja dieselbe Arbeit machen wie Sie!«
Nora Reinhardt

432. Werben/Elbe

433. Hamburg
Im Schauspielhaus in Hamburg, die Aufführung ist vorbei, zwei Kulturomas, Blazer, Seidenschal, Nickelbrille, federn durch die Lobby gen Ausgang. Gleich spielt Deutschland gegen Algerien. Die eine: »Tolles Stück.« Die andere: »Allerdings. Und jetzt?« Die erste, eine kleine Vuvuzela aus der Innentasche ziehend: »Randale!«
Moritz Herrmann

434. Berlin
Zwei Freundinnen gehen im Monbijoupark spazieren – rufen ihnen zwei solariumsgebräunte und aufgepumpte Jungs zu: »Beziehung mach' isch' nisch', aber Sex is' okay!«
Martina Kix

435. Wilsbach
Zum Klassentreffen ist eine ehemalige Schulkameradin gekommen, die mittlerweile in den USA Biologie-Bachelor studiert. In schwarzen Netzstrümpfen und im beruflichen Höhenflug schwärmt sie: »Es ist so toll. Fast alles, was die Profs erzählen, weiß ich schon. Was macht ihr denn so?« Eine andere Schulkameradin antwortet: »Ich studiere auf Grundschullehramt.« – »Ach, schön, dass diese Arbeit auch jemand macht.«
Julia Knapp

436. Konstanz

Mitfahrgelegenheit: Auf dem Armaturenbrett im Auto steht eine Mini-Jesus-Figur aus Plastik. Sie wackelt, weil sie auf einer Metallfeder angebracht ist. Einer der Mitfahrer: »Hast du da etwa einen Wackel-Jesus?« Fahrer: »Ja, das ist total lustig. Er ist quasi ein Geschenk Gottes. Denn immer, wenn ich Leute mitnehme, kommen wir durch ihn ins Gespräch über den Glauben. Auch du hast jetzt nach ihm gefragt. Glaubst du denn?«

Sebastian Brauns

437. München

Eine Gruppe Jungs redet übers Solarium: »Ich hab da 'nen Sonnendealer – der ist hinter 'ner Bäckerei versteckt. Da kann ich voll billig flatrate braun werden.« Sagt sein Kumpel: »Was ist mit Hautkrebs?« – »Den schneidet mir der Hautarzt einfach weg. Aber ich bin dann braun, Alter!«

Anja Kellner

438. Backnang
Ein griechischer Vater, der sehr gut Deutsch spricht, schreibt seiner Tochter eine Entschuldigung für den Sportunterricht, weil sie keine Lust hat. Extra schlampig, damit sie sich nicht traut, das Schreiben abzugeben. »Kann nix Sportunterricht, weil Kopf kaputt, Hals kaputt, Alles kaputt.« Das Mädchen übergibt den Brief an ihre Lehrerin: »So schön, dass dein Vater sich solche Mühe mit dem Deutsch gibt. Komm einfach wieder, wenn es dir wieder besser geht.«
Daniel Mouratidis

439. Berlin

Vor der Weinerei. Mann wirft dramatisch seinen Stuhl beiseite, ergreift sein Rad – im Davonfahren, laut an alle: »I hate you fucking all! I can't deal with you European people!«

Anne Postrach

440. Waiblingen
Jemand fragt die Patientin in der Physiotherapie-Praxis: »Wann haben Sie denn kommende Woche Zeit für den nächsten Termin?« Patientin: »Immer.« – »Sagen wir dann Mittwoch, 14.30 Uhr?« Patientin: »Nein, da treffe ich immer meine Freundin zum Kaffee.« – »Wann haben Sie denn dann Zeit?« Patientin: »Eigentlich immer vormittags.« – »Dann am Dienstag um 10.30 Uhr?« Patientin: »Nein, da bereite ich schon das Mittagessen vor.«
Ulrike Brauns

441. Wilsbach

Sagt der Englischlehrer zu einer Schülerin: »So wird das nie was! Geh lieber auf den Golfplatz und such dir einen Millionär!«

Julia Knapp

442. Hamburg

In einer Bäckerei lässt sich ein Mann ein Kartoffelbrötchen und ein Käsecroissant einpacken. Die junge Verkäuferin sagt: »2,90 Euro, bitte!« Er sagt: »Ich hatte zwar einen Unterkurs in Mathe, aber 85 Cent plus 1,20 Euro sind wirklich nicht 2,90 Euro.« Die Verkäuferin lächelt freundlich: »2,90 Euro bitte.« Ihre ältere Kollegin kommt dazu und entschuldigt sich bei dem Mann: »Tut mir leid, gibt es ein Problem? Sie ist noch in der Ausbildung.«

Moritz Herrmann

443. Augsburg

In einer Buchhandlung: »Guten Tag! Wie kann ich Ihnen behilflich sein?« Kunde: »Führen Sie auch Jugendbücher?« – »Ja, klar!« – Kunde: »Gut, ich suche die bei Jugendlichen so beliebten ›Tribute von Panama‹!« Auch Nachfragen, ob eventuell Suzanne Collins ›Tribute von‹ gemeint sei, wurden energisch verneint. Die Suche musste leider erfolglos bleiben.

Marius Müller

444. München

In der Innenstadt hat eine christliche Gruppe einen Stand aufgebaut. Auf einem ihrer Plakate steht »Gott ist gerecht«. Ein alter Mann bleibt davor stehen und brüllt in ihre Richtung: »Wenn Gott gerecht wäre, hätte er Eva aus dem Paradies geschmissen, Adam wäre dageblieben und hätte sich 'ne Neue gesucht.«

Jasper Ruppert

445. Berlin
Ein Pärchen läuft die Straße entlang. Als es einen Baum passiert, bückt sich die junge Frau. Auf dem Boden liegt ein Spatzenjunges, das aus dem Nest gefallen ist. Plötzlich kommt ein Typ vorbei, greift sich das Vogelbaby und sagt: »Ist der süüüüüüüß. Kann ich den mit nach Hause nehmen?« Die junge Frau antwortet: »Klar, ich schenke ihn dir.«
Sebastian Brauns

446. Augsburg
In einer Bibliothek fragt eine Kundin: »Hallo, ich suche dieses Buch vom Chinesen an der Nordsee.« Fragt der Bibliothekar: »Können Sie es vielleicht inhaltlich etwas beschreiben?« Kundin: »Es hatte einen grünen Titel.« Nach langem Recherchieren: »Gute Frau, könnten Sie das Buch ›Kafka am Strand‹ des Japaners Haruki Murakami gemeint haben?« – »Ja genau, habe ich doch gesagt.«
Marius Müller

447. München
Zwei Rentner sitzen hintereinander in der Tram Richtung Sendlinger Tor. Die Tram fährt an Straßenkünstlern vorbei, die sich artistisch über Parkbänke lehnen. Daraufhin dreht sich der ältere Mann zur Dame hinter ihm um und sagt: »Das ist dieses Kristall Meff, da werden die total bekloppt von.«
Marieke Reimann

448. Hamburg
Beim Einweisungstraining in einem Fitnesscenter fragt der Trainer nach dem Trainingsziel der Neumitglieder. Eine Frau antwortet: »Nackt gut aussehen.« Der Trainer antwortet: »Wir sollten nach acht Wochen einen neuen Termin ausmachen und nachsehen, ob Sie dem Ziel schon näher gekommen sind.«
Sascha Chaimowicz

449. Bochum
Vor dem Küchenfenster sagt eine Mutter zu ihrem Kind: »Benimm dich doch mal wie ein Kind, Kevin, und nicht wie ein Vollspast!«
Christina Scholten

450. Tübingen
»Sie können die Wohnung haben«, sagt die Vermieterin. »Aber nur, wenn Sie die alte Dame im Keller in Frieden lassen. Sie liebt Schlager, Zigaretten und Einsamkeit.«
Juliane Reichert

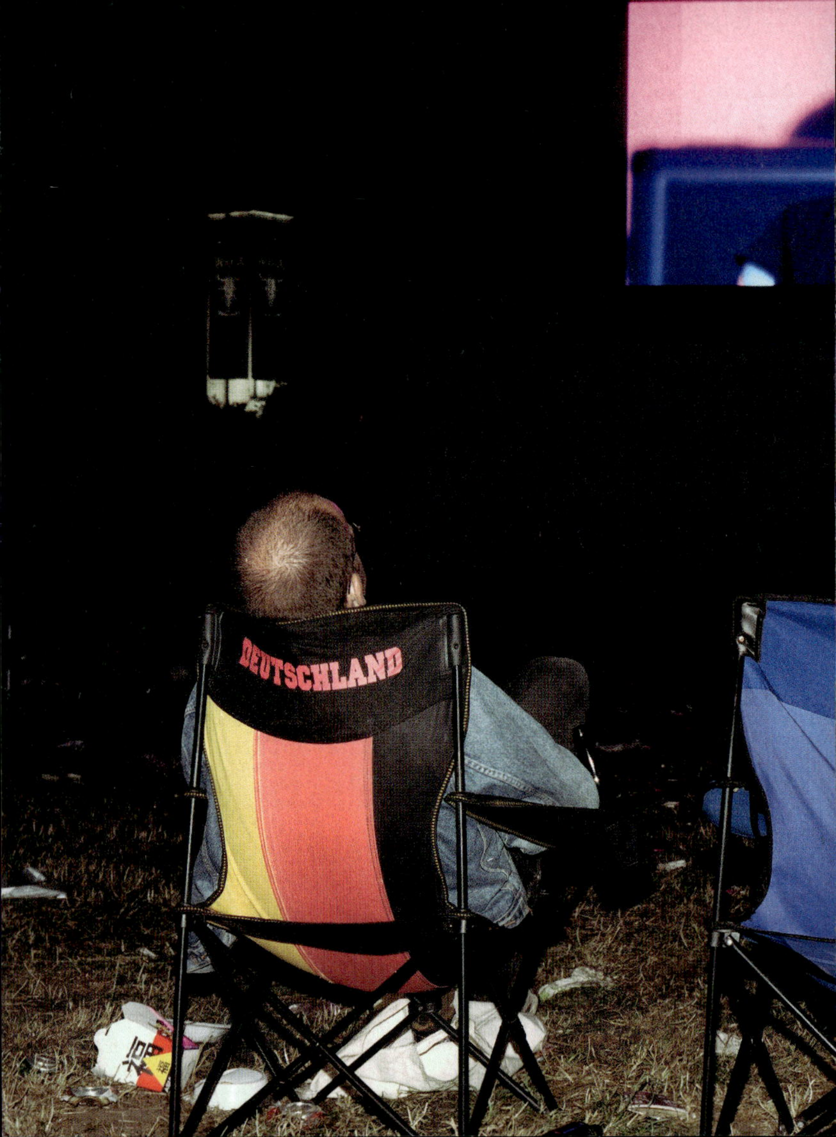
DEUTSCHLAND

452. München

Enger Radweg. Jemand nähert sich von hinten einem Radler, der mit seinem Sohn im Kindersitz spricht. Letzter gehörter Satzfetzen vor dem Überholen: »... das sind aber Wörter, die darf man nicht oft sagen.« Überhole. Er brüllt: »Ja, fahr doch noch dichter an mir vorbei, du Wichser!«

Philipp Schwenke

453. Berlin

Ein Typ kommt aus dem Fitnessstudio am Alexanderplatz. Er trägt ein Tanktop, eine High-Waist-Jeans und hat schulterlange Haare. Von der anderen Straßenseite brüllt ein Machojunge: »Bah! Guck mal, ne Lesbe!«

Tim Goldhahn

454. Hamburg

Mit Sackkarre geht ein tätowierter Mann in den Getränkemarkt und fragt den Verkäufer: »Das Übliche, Karol?« Karol ruft: »Fünf Kisten Bier und dann noch was zu trinken.«

Moritz Herrmann

455. Frankfurt

Drei Freundinnen sitzen in einem Restaurant und beichten sich ihre jeweils krassesten Erlebnisse. »Ich hatte mal Sex mit drei Männern gleichzeitig«, sagt die eine. »Ich habe mal Heroin geraucht«, erzählt die andere. Die Dritte sagt: »Ich hatte die Suppe.« Der Kellner ist gerade mit der Rechnung an den Tisch getreten.

Judith Liere

456. Münster

Passfotostudio. Der Fotograf macht Fotos und zeigt sie. Das linke Auge ist halb zu. »Oh, können Sie das noch mal machen? Da sehe ich nicht so vorteilhaft aus« – »Kann ich leider nicht. Das ist nicht das Foto, das sind Sie.«

Nora Reinhardt

457. Köln

Ein Mädchen läuft auf eine Frau mit großer schwarzer Sonnenbrille und Pappbecher zu. Sie zückt ihr Portemonnaie und lässt ein paar Münzen in den Becher fallen. Kaffee spritzt heraus. Die Frau ist völlig verdutzt.

Bettina Kramps

458. Konstanz

Durch eine Küche in einer WG rennt eine Maus. Ein Mitbewohner fängt sie mit seiner Hand. Die Maus beißt ihn. Er schreit. Die Maus rennt in die Ecke der Küche, versucht in Panik, die Wand hochzuklettern. Es misslingt. Plötzlich fängt sie an zu zucken, fällt über nach hinten und bleibt regungslos liegen. Der andere Mitbewohner ruft entsetzt: »Du hast sie einfach umgebracht!«

Sebastian Brauns

459. Heilbronn

Ein älteres Rentnerpaar will sich an der Supermarktkasse vordrängeln. Sie tauschen Blicke aus, die sagen: »Das haben wir gut gemacht, und keiner hat's gemerkt.« Jemand bemerkt es doch: »Ich glaube, ich stand hinter der Dame in Grün.« Wütend entgegnet die Frau: »Ha, dann geh'n Sie halt vor!«

Julia Knapp

460. München

Ein sichtlich gestresster Mann sitzt mit seiner überdrehten fünfjährigen Tochter in der S-Bahn. »Papa, mein Kaugummi ist alle«, sagt die Kleine und hält ihm die zerkaute Masse vor die Nase. »Darf ich jetzt wieder popeln?«

Philipp Beng

461. Hamburg

In der U-Bahn, ein Mann trägt ein Deutschland-Trikot mit der Nummer Vier, darüber den Schriftzug »Hartz«. Ein kleiner Junge macht große Augen, fragt: »Wo spielt der denn? Den kenne ich gar nicht.« Der Mann brummt zurück: »Vergiss es. Den willst du auch nicht kennenlernen.«

Moritz Herrmann

462. Nürnberg

Im Zug sitzen sich Mutter und Tochter gegenüber. Die ca. 20-Jährige in Sportklamotten tuscht sich die Wimpern. Die Mutter darauf: »Mach nicht so viel Wimperntusche drauf, vielleicht kippst du nach vorn und fällst auf dein Gesicht. Dann ist alles verschmiert.«

Anna Flöck

463. Kirchheim

Eine ältere Dame geht mit ihrem Hund spazieren. Eine junge Frau und ihr dreijähriger Sohn kommen ihr entgegen, der Kleine zeigt strahlend auf den Hund und sagt: »Dackel!« Darauf die Hundebesitzerin freudig: »Mei, du kennst di aber guad aus mit de Wauwau!«

Maximilian Blauhuth

464. Dortmund

Die Kantine im städtischen Klinikum. Ein junger Mann zeigt auf eine bräunliche Soße und fragt: »Was ist denn das für eine Soße?« Die mürrische Küchenhilfe antwortet: »Das ist braune Soße.«

Jan Lichte

465. Hamburg
Gespräch mit einem Internetanbieter: Hotline-Mitarbeiter: »Ihre Bestellung eines DSL-Anschlusses läuft bei uns unter Vorbehalt.« – Kunde: »Wieso denn das?« – »Ihr Vermieter muss erst zustimmen. Wir haben ihn bereits kontaktiert.« – »Woher wissen Sie denn, wer mein Vermieter ist?« – »Ich sage mal so, wir haben hier Mittel und Wege, das herauszufinden.«
Sebastian Brauns

466. Berlin
1. Mai in Kreuzberg: Eine Gruppe Jungs liegt verdrogt auf einer Böschung im Görlitzer Park und blickt auf die vielen Menschen runter, die an ihr vorbeiströmen. Darunter viele junge Frauen mit wenig an. Irgendwann sagt einer: »Boah, das sieht ja geil aus.« Der andere: »Jep, 1. Mai in Berlin ist immer tinder im real life.«
Charlotte Haunhorst

467. München
Ein Vater mit seinem kleinen Sohn fährt mit der Straßenbahn. Der Junge lässt den Strohhalm auf den Boden fallen, auf dem er die ganze Zeit herumgekaut hat. »Nimm den jetzt nicht wieder in den Mund«, sagt der Vater. »Wie lange?«, fragt der Sohn.
Bettina Kramps

468. Frankfurt am Main

In einer Bar unterhält sich der Barkeeper mit einer Frau. Barkeeper: »Ich hab gehört, du hast jetzt deinen Abschluss gemacht. Herzlichen Glückwunsch!« Frau: »Ja, genau! Danke! Man darf mich jetzt Alumni schimpfen.« Barkeeper: »Halloumi?«

Sophie Opitz

469. Greifswald

Kurz vor Ostern auf dem Parkplatz eines Supermarkts. Eine Frau schiebt einen vollen Einkaufswagen in Richtung ihres Autos, an dem ihr Mann wartet. Er: »Hast du Bier?« Sie: »Ja.« – »Schnaps?« – »Ja.« – »Ich liebe dich!« – »Ja, ja.«

Anne Lorentzen

470. Konstanz

Für den Reisepass lässt eine Frau Fotos in einem günstigen Fotoladen machen. 1. Reaktion der Dame im Bürgerbüro: »Ihre Nase passt nicht auf den Mittelstreifen der Überprüfungsfolie. So kommen Sie nicht durch die Kontrolle.« Die Frau lässt ein neues Foto machen. 2. Reaktion der Dame im Bürgerbüro: »Ihre Augenränder sind zu dunkel. So kommen Sie nicht durch die Kontrolle.« Die Frau lässt Fotos beim teuren Fotografen machen. 3. Reaktion der Dame im Bürgerbüro: »So kommen Sie durch.«

Miriam Denzel

471. Konstanz

Auf der Suche nach einem Paket ruft jemand in einer Postfiliale an und beginnt sein Problem zu schildern. Der Mann am Ende der Leitung: »Sie können diese Nummer gar nicht haben.« Dann legt er auf.

Sebastian Brauns

472. Hamburg

In der S-Bahn sagt ein am Fenster sitzender Mann zu seiner kofferbepackten Banknachbarin: »Entschuldigen Sie, das ist meine Haltestelle. Würden Sie mich bitte kurz durchlassen?« Sie schaut ihn an, schüttelt den Kopf: »Also echt mal, das geht auch freundlicher.«
Moritz Herrmann

473. Münster

Über den belebten Wochenmarkt gehen zwei westfälische Hausfrauen und unterhalten sich sehr ernsthaft über Rezepte, da fragt die eine: »Wie machst du eigentlich deinen Kartoffelpüree, wenn ich mal fragen darf.« Darauf antwortet die andere mit voller Überzeugung: »Aus der Tüte.«
Martin Fricke

474. Bielefeld
An der Kasse eines Plattenladens stellt sich ein großer schwarzhaariger Typ mit grünen Strähnen im Haar an die Kasse und wendet sich an die Verkäuferin: »Hallo! Ich bin auf der Suche nach weihnachtlicher Techno-Musik ...«
Thomas Wolter

475. München
Ein etwa 15-jähriges Mädchen fragt einen jungen Mann mit zittriger Stimme auf Deutsch, ob er Lenny Kravitz sei. Antwort, ebenfalls in Deutsch: »Äh, nee, bin ich nicht.« Sie insistiert, weiterhin zittrig: »Doch, oder?« Der junge Mann: »Wäre das nicht komisch, wenn Lenny Kravitz in München mittags Trambahn fährt?« Das Mädchen: »Weiß ich doch nicht!«
Sandra Mayer

476. Berlin
Drei Mädchen, cirka sechs Jahre alt, unterhalten sich über das letzte Wochenende. »Ich war bei meinem Papa«, erzählt die Erste. »Ich war mit meiner Mama im Kino«, berichtet die Zweite. Da sagt die Dritte: »Ich habe das Wochenende mit Mama und Papa verbracht. Meine Eltern haben sich nämlich nicht getrennt, haha!«
Alexander Govoni

477. Winterbach
»Blaubeer-, Stachelbeer-, Birnen-Schmand …« Die Kundin in der sonntäglichen Schlange beim Bäcker lässt sich von der Verkäuferin das Kuchensortiment erklären. Dazwischen fragt die Kundin immer wieder: »Und der hier?« – »Käse-Mandarine, Apfel-Streusel …« Die Leute stehen mittlerweile bis zur Straße. Die Kundin trifft eine Entscheidung: »Das ist mir alles zu süß.« Und geht.
Sebastian Brauns

478. Bremen
Eine dunkle Kneipe im Steintorviertel kurz nach Mitternacht in einer warmen, wilden Nacht. Ein am Tresen kauernder Student, Kategorie zwei Promille, erbricht sich in großem Schwall zwischen die Hocker. Der Wirt ganz gelassen zu ihm: »Junge, das feudelst du mir sauber. Vorher gibt es kein' Schnaps mehr von mir.«
Moritz Herrmann

479. Hamburg

Sonntag in einer S-Bahn, eine Durchsage vom Fahrer: »Schöne Grüße auch an den Dealer in Wagen drei. Gut zu wissen, dass ich nicht der Einzige bin, der heute arbeiten muss.«

Anke Helle

480. Berlin
Zwei Zehnjährige mit Migrationshintergrund sprechen in der Tram über ihren Traumberuf. »Ich will Bundespräsident werden.« – »Geht nicht, du bist doch Ausländer.« – »Ich bin hier geboren.« – »Das ist egal. Du bist Ausländer, weil deine Eltern Ausländer sind. Aber von den USA kannst du Präsident werden!«
Hannah Pilarczy

481. Berlin-Treptow

482. München
Ein junger bayrischer Pfleger schiebt im Krankenhaus einen schwer lädierten alten Mann im Bett durch die Notaufnahme und sagt: »Sie wern etz dann ummi bracht (= hinübergeschoben).« Der: »Ummmmm-jjjebracht?«. Pfleger: »Genau.«
Nora Reinhardt

483. Oldenburg
Ein Zug steht kurz vor seiner Abfahrt im Bahnhof. Als er langsam anfährt, läuft ein kleiner Junge aufgeregt durch den Gang und ruft: »Mama, Mama, der Bahnhof fährt weg!« Sogar der Kontrolleur musste sich vor lauter Lachen erst einmal hinsetzen.
Anne Schomöller

484. München

Zwei Mädchen warten auf den Schulbus. Eine lamentiert halblaut vor sich hin, dass sie zu spät zur Schule komme. Das Mädchen neben ihr: »Jetzt halt endlich mal die Klappe, du wolltest doch unbedingt noch die Zähne putzen!«

Manuela Orth

485. Berlin

Eine Schwäbin sagt zu ihrer Bekannten: »Die Autos sind heute viel höher als noch vor ein paar Jahren. Wir haben in Stuttgart eine ziemlich neue Tiefgarage. Die steht jetzt immer halb leer, weil die ganzen Autos zu hoch sind. Aber egal, die Tiefgarage hat das Land gezahlt.«

Sebastian Brauns

486. Hamburg

Hamburger Kunsthalle, Toulouse-Lautrec-Ausstellung, eine Mutter führt ihren Sohn an der Hand durch die Räume. Vor der Zeichnung eines Flaneurs mit Zylinder, Gehstock und Spitzbart zerrt er an ihrer Hand und jammert: »Mama, ich will weiter. Ich mag das Bild nicht. Der Mann sieht aus wie Papa.«

Moritz Herrmann

487. Essen
Im Briefwahlbüro zur Oberbürgermeisterwahl bekommt eine alte Frau einen Wahlschein und -umschlag ausgehändigt. Auf ihre Frage, wo sich denn die Wahlurne befindet, wird sie darauf hingewiesen, dass sie zunächst ja noch in die Wahlkabine gehen müsse. Darauf sie erstaunt: »Ach, ist das noch nicht fertig?«
Klara Malberg

488. Dresden
Ein Paar steht in einer Schlange vor einem Glühweinstand auf dem Striezelmarkt. Vor ihnen steht eine Frau und telefoniert: »Ja, also ich steh dort, wo der Stern leuchtet!«
Elisabeth Al Jabi

489. Neu-Ulm

Ein Viertel mit hohem Ausländeranteil. Ein Mädchen osteuropäischer Herkunft zupft am Ärmel seiner Mutter, zeigt auf einen Mann und ruft laut: »Schau mal, der ist deutsch!«

Max Failenschmid

490. Nürnberg

In einer Diskothek klebt auf der Innenseite einer Damentoilette ein Aufkleber mit folgendem Text: »Wir beobachten euch überall. Die Bundesregierung.«

Doris Jung

491. Hannover

Tochter zu Mutter: »Ich geh dann mal ins Internet.« Daraufhin die Mutter ganz irritiert: »Ja, hat denn das Internet am Sonntag überhaupt geöffnet?«

Emmerich Buchmüller

492. Bonn

Eine Dame mit grau meliertem Haar betritt einen Skaterladen. Leicht irritiert und unsicher geht die Verkäuferin auf sie zu und fragt, ob sie helfen könne. Darauf die Dame: »Ich suche noch ein Weihnachtsgeschenk für meine Mutter. Aber sie ist auch schon ein bisschen älter.«

Oliver Koksch

493. Düsseldorf

Neulich bei einer Quizrunde auf einer Hochzeit. Frage an das Brautpaar: »Was wiegt ein Kolibri?« Zuruf aus dem Publikum: »Wenn er fliegt oder wenn er sitzt?« Weiterer Zuruf aus dem Publikum: »Wenn er fliegt, wiegt er doch nix!«

Chris Scheffer

494. Augsburg

Eine Studienkollegin unterhält sich mit ihrem Arzt über ihren gerade erreichten Abschluss. Er: »… und welchen Titel haben Sie nun?« Sie: »Master of Arts!« Er: »Ach, Sie sind auch Arzt? Wusste gar nicht, dass es da jetzt einen Master gibt!«

Christian Kandler

495. Ulm

Im Zug lästern zwei Mädchen lautstark über eine Freundin: »Boah, die hat ja mal so keine Ahnung vom Leben!« Eine Frau in der Reihe daneben, merklich genervt: »Aber zwei Fünfzehnjährige mit Glitzertasche und Leopardenfingernägeln.«

Laura Ilg

496. Lübeck
In der Kurzwarenabteilung: Eine alte Dame hat ein Babyjäckchen gestrickt und sucht nach bunten Tierknöpfen. Hilfesuchend wendet sie sich an die Verkäuferin: »Wie heißt noch dieses Tier, das jetzt so modern ist?« Die Verkäuferin ist sofort im Bilde: »Dinosaurier!?«
Katrin Krüger

497. Oldenburg
Im Bahnhof am Gleis steht eine fünfköpfige Familie. Die drei Kinder sind blond, niedlich und spielen auf dem Bahnsteig. Ein Ehepaar beobachtet die Situation. Der Mann verwundert: »Das sind ja mal ganz normale Kinder!« Die Frau: »Tatsächlich! Sie sind weder übermäßig laut noch fett.«
Myriel Zielfeldt

498. Ravensburg
Ein ungepflegter Herr in abgenutzten Klamotten spricht eine Frau an, er nuschelt »… einem Euro …« Geistesanwesend antwortet die Frau gleich: »Nee, nee, von mir kriegen Sie keinen Euro!« Er sagt empört: »Seh ich etwa aus wie ein Penner?! Ich wollte wissen, wo der Ein-Euro-Laden ist!«
Carina Troebersberger

499. Achersleben

Im Zoo schaut sich ein Paar händchenhaltend die Flamingos an. Ein Vogel steht auf einem Bein, den Kopf im Gefieder. Die Frau zeigt auf den Flamingo und erklärt ihrem Begleiter: »Das machen die immer, wenn sie chillen.«

Dörthe Hein

500. Jena

Im Freilichtkino der Kulturarena wird der Film »Mamma Mia!« gezeigt. Als der Film zu Ende ist, steht eine junge Frau hinter mir auf und sagt im Gehen zu ihrem Freund: »Boah, ich hasse Abba!«

Victoria Bock

501. Friedrichshafen

In einem Supermarkt begrüßt die Kassiererin einen Kunden freundlich: »Guten Tag, war alles recht beim Einkauf?« – »Ey, hör mit dem Quatsch auf. Ich hab keinen Bock auf 'nen Flirt. Ich will einfach nur bezahlen.«

Hendrik Schulz

502. Berlin

503. Oldenburg
An einem Schießstand auf dem Jahrmarkt gibt es ein 100-Schuss-Maschinengewehr, mit dem man einen roten Stern aus einer Pappkarte herausschießen muss, um den Hauptgewinn zu erzielen. Drei Männer mit Nahost-Migrationshintergrund schaffen es nicht, den Stern restlos herauszuschießen. Darauf der Kommentar des Schießbudenbesitzers: »Also, so werdet ihr nie richtige Taliban.«
Swantje Kück

504. Höxter
Samstagnachmittag in einem Bekleidungsgeschäft. Eine Frau läuft schnellen Schrittes voll beladen in eine Umkleide und schließt gehetzt die Tür. Ein paar Sekunden später kommt ein Mann hinterher: »Brigitte?? Also das stelle ich mir jetzt aber nicht unter einem Spaziergang vor!«
Elena Hage

505. Hannover
Ein Rentnerpaar an der Fleischtheke. Thema: die Vuvuzelas bei der WM in Südafrika. Er: »Ich hab immer gedacht, die sagen alle Uwe Seeler.« – »Nee, aber das heißt wohl gar nicht so, das heißt Ukulele.«
Klaudia Schulte

506. Wurzen
Eine Frau rennt um sieben Uhr morgens zur S-Bahn und fällt dabei hin. Eine Fremde hilft ihr und sagt: »Ich seh Sie hier jeden Morgen langrennen. Vielleicht gehen Sie in Zukunft einfach mal fünf Minuten früher los.«
Maria Leber

507. Nürtingen
Ein Vater blättert mit seiner kleinen Tochter ein Bilderbuch durch und erklärt ihr dabei die verschiedenen abgebildeten Tiere. »Also, das ist ein Hund, der macht Wauwau« – er blättert um – » eine Katze macht Miau« – er blättert wieder um – »ein Schaf macht Määääh.« Nach dem nächsten Umblättern herrscht seltsame Stille. Nach ein paar Sekunden das Kind: »Papa, wie macht denn ein Eichhörnchen?« Stille. »Ähm, das Eichhörnchen macht Puschel-Puschel.«
Argiri Dilma

508. Mainz
Ein junges Paar steigt aus dem Bus. Er zu ihr: »Du nervst.« Eine ältere Dame hinter mir zum Mann: »Ist doch klar, dass die Weiber von heute so nervig sind. Bei den drei Blättern Salat, die sie nur am Tag essen.«
Christin Schlechte

509. Hachenburg

In einer Pommesbude sagt ein Mann: »Entschuldigung, da ist ein frittierter Käfer in meinen Pommes.« – Pommesbudenbesitzer: »Wat?«, greift den Käfer, wirft ihn weg, stellt die Pommes auf die Theke: »Guten Appetit.«

Matthias Thiele

510. München

Am Tag nach dem deutschen Sieg im WM-Finale 2014, ein dreijähriges Mädchen singt mit fröhlicher, glockenheller Stimme: »Deutschland hat gewonnen, Deutschland hat gewonnen ...!« Sie stutzt dann kurz, fragt ihren Vater: »Papa, was ist Deutschland?«

Tobias Moorstedt

511. Ravensburg

Zwei Jugendliche gucken auf ein Smartphone. Plötzlich fällt es auf den Boden, darauf der eine: »Alter, pass doch auf. Deine Mudder, Alter. Hurensohn!« Kurze Pause, dann der andere: »Ey, du bist mein Bruder. Meine Mudder is auch deine Mudder.«

Simon Hurtz

512. Konstanz
Ein junger Mann trägt mit sichtbarer Mühe zwei große Percussion-Trommeln durch die Fußgängerzone in Konstanz. Eine Passantin sitzt auf der Bank, schaut ihn an und ruft: »Hätten Se mal 'nen anständiges Instrument gelernt, wa? Dann müssten Se jetzt nicht so schleppen!«
Annika Walter

513. Fulda
Älterer Fahrgast im ICE, mit ausgedrucktem Ticket und Sitzplatzreservierung in der Hand: »Entschuldigung, das ist mein Platz.« – Jüngerer Fahrgast, unbeeindruckt: »Ich sitz hier schon seit Hamburg!« – Älterer Fahrgast, souverän: »Dann haben Sie ja lang genug gesessen und können jetzt stehen.«
Oliver Kucharski

514. Köln
In einer Buchhandlung schaut sich ein Kunde um. Verkäufer fragt: »Suchen Sie was Bestimmtes« – »Ja, meine Mutter braucht ein Buch. Haben Sie das da?«
Ole Wagener

515. Frankfurt

Rushhour in der Frankfurter Innenstadt. Alle sind gestresst: Ein Mann fährt mit 3er-BMW über eine rote Ampel und fast einen Radfahrer um. Er weiß genau, das sieht man ihm an, dass er einen Fehler gemacht hat. Er kurbelt das Fenster herunter, sagt: »Verpiss dich, du Arschloch.«

Tobias Moorstedt

516. Köln

Kundin betritt einen Elektromarkt, geht zielstrebig auf den Verkäufer zu und sagt: »Ich möchte diese drei Blu-Rays zurückgeben.« – »Was stimmt damit denn nicht?« – »Die Filme haben mir nicht gefallen, dafür zahle ich doch nicht.«

Ole Wagener

517. Braunschweig
Vier Jungs hetzen in die S-Bahn. Ein Mann verlässt darauf seinen Platz. »Tschüss«, sagt einer der Jungen. »Ja, Tschüss!«, poltert der Mann, »Erst aus-, dann wieder einsteigen. So etwas gibt es auch nur in Deutschland. Was lernt ihr überhaupt noch in der Schule? Saufen und Ficken, das lernt ihr dort!« Die Bahn fährt in die nächste Haltestelle ein. »Fucking Germany«, murmelt der Mann und steigt aus.
Eva Casper

518. Konstanz
Eine Dönerbude wirbt mit einem Schild: »Mindestens 80 Prozent bestes Putenfleisch!« Eine Kundin fragt: »Und die restlichen zwanzig Prozent?« Verkäufer: »Frag lieber nicht, iss lieber.«
Annika Walter

519. Kassel
ICE-Durchsage: »Leider kommt der Zug den Berg nicht hoch. Daher fahren wir nun zurück und versuchen es mit mehr Anschwung erneut.«
Oliver Kucharski

520. München
Kurz vor acht Uhr in einem vollen Schulbus: Schüler 1: hustet sehr laut. Schüler 2: »Ey, Alter, du stirbst, Mann!« Schüler 1: »Ja. EHEC, Mann!«
Kathrin Hollmer

521. Erlangen
Beim Einkaufen in einem Supermarkt sind Salatköpfe mit einem Schild beworben, auf dem steht, sie seien aus der Region. Bei genauem Hinsehen findet sich als Herkunftsland aber Spanien. Als ich die Verkäuferin fragte, was nun stimmt, sagte diese: »Na, die meinen die Region Spanien …«
Christine Schülein

522. Siegburg
An der Theke einer Bäckerei stehen drei Senioren, offenbar ein Ehepaar und ein Mann mit Krückstock. Die Frau zum Mann, der alleine da ist: »Guten Tag, Herr Schulze! Wo haben Sie denn Ihre Frau gelassen?« – »Unter der Erde.«
Simon Hurtz

523. Berlin
Es regnet in Strömen. Ein Roller an der Ampel. Neben ihm hält ein Oberklassewagen, der Fahrer lässt die Fenster runter. Fahrer: »Ganz schön scheiße, so arm zu sein.« Und fährt weiter.
Matthias Thiele

524. Gelsenkirchen
An einer Straßenbahnhaltestelle steigt eine junge Mutter mit Kinderwagen und ihrer kleinen Tochter ein. Tochter: »Mamaaaaa, gib mich mal die Kekse.« Mutter: »Dat heißt nicht: ›Gib mich mal die Kekse.‹ Dat heißt: ›Gib mich mal die Kekse, BITTÄÄÄÄ!‹«
Yvonne Adamek

525. Gudensberg
Im Supermarkt in der Obst- und Gemüseabteilung zeigt eine Frau auf die Erdbeerschalen und fragt den Verkäufer: »Sind das diese elendigen Ausländer?« Verkäufer: »Nein, das sind gute Deutsche.«
Rene Bernhardt

526. Assling
Einladung zum Brunch. Aus der Küche ruft ein Gast: »Hier kocht Wasser. Was soll ich damit machen?« Antwort eines anderen Gastes von der Tafel: »Frier's ein, kochendes Wasser kann man immer brauchen.«
Martina Tichy

527. Wuppertal

Eine 45-jährige Dame fragt einen Busfahrer, wie sie am schnellsten zum »Friedhof Bredtchen« komme. Er antwortet: »Einfach vor den Bus legen. Ich fahr gleich los.«

Anna Mertens

528. Münster

Ein Junge zeigt hektisch mit dem Finger auf einen farbigen Mann und ruft: »Guck mal, ein Neger!« Die Mutter wird rot und stottert: »Das sagt man nicht!« Darauf der Junge: »Oma schon.«

Yvonne Adamek

529. Siegburg

Eine junge Frau steigt in den Bus und geht, ohne die Fahrkarte zu zeigen, nach hinten. Busfahrer: »Wo ham Se denn Ihr Ticket?« – »Ich hab heute schon für die S-Bahn gezahlt, reicht das nicht?« – »Na gucken Se mal da vorne raus, sehn Se hier irgendwo Schienen?«

Simon Hurtz

530. Leipzig

Ein Obdachloser fragt nach Kleingeld. Eine Frau hat allerdings nur Kekse dabei und bietet ihm diese an. Wütend rennt der Mann weg und schreit ihr hinterher: »Zucker macht die Zähne kaputt!«

Sarah Hennig

531. Koblenz

In einem Reisebüro möchte ein Kunde einen Flug nach Australien buchen. Der Mitarbeiter schaut sich den Pass des Mannes an und weist darauf hin, dass er dafür einen gültigen Reisepass brauche. Seiner sei abgelaufen. Kunde: »Ist der Pass auch wirklich abgelaufen oder ist das nur ein Mindesthaltbarkeitsdatum?«

Theresa Breuer

532. Hamburg

Zwei Teenager-Mädchen sehen ein großes Musical-Plakat an einer Hauswand. Sagt die eine: »Krass, das Phantom der Opfer!«

Marc Deckert

533. Berlin

Eine Stunde nach Abfiff des Spiels Deutschland – Portugal 4:0. Ein Passant: »SCHEISSE, SCHEISSE, SCHEISSE.« Ein junger Mann: »Tourette?« Seine Freundin: »Portugiese.«

Matthias Thiele

534. Bad Aibling

Ein Mann legt im Supermarkt eine Packung Kondome und eine Tiefkühlpizza auf das Band. Die etwa sechzig Jahre alte Kassiererin entgegnet: »Wollen's der jungen Dame nicht doch was Gscheits kochen?«

Peter Gräber

535. Lüneburg

Im Seminar an der Uni klingelt das Handy eines Studenten. Klingelton: »Ding-Dong! The Witch is Dead«. Sagt die Dozentin: »Gehen Sie ruhig ran. Und lieben Gruß an Ihre Frau Mutter.«

Anna Aridzanjan

536. Kassel

Eine Frau führt ihren weißen, flauschigen Hund an einer Leine spazieren. Ein Rentner, an dem sie vorbeiläuft, fragt: »Oh, wie heißt denn das Prachtstück am anderen Ende der Leine?« – »Das ist Karlchen«, sagt die Frau. »Na hören Sie mal, ich meine das Prachtstück am anderen Ende der Leine!«

Sophie Krüger

537. Rosenheim

Ein Mann steigt in den Zug, klappt den Laptop auf. Auf dem Desktop: das Standbild eines Videos, in dem zwei junge blonde Frauen einen Mann oral befriedigen. Der Mann drückt hektisch die Escape-Taste. Der Laptop hat sich offenbar aufgehängt. Er klappt ihn zu und holt ein Buch mit dem Titel »Warum ich kein Christ bin« aus seinem Rucksack.

Anne Karsten

538. München
Am Biertisch eines voll besetzten Oktoberfestzeltes knutscht ein Paar. Die Frau erhebt sich, kniet sich neben den Tisch, hebt ihr Dirndl an und pinkelt auf den Boden. Der Mann bekommt alles mit und trinkt weiter sein Bier. Dann setzt die Frau sich wieder zu ihm an den Tisch und knutscht ansatzlos weiter.
Tom Geiger

539. Würzburg
Zwei Kinder stehen am DVD-Regal: »Schau mal, Stirb langsam 2!« – »Hehe, man kann ja gar nicht zweimal sterben.«
Eva Pakull

540. Wallgau
Sonntagsspaziergang im Voralpenland: Dem Touristenpärchen kommen ein paar einheimische Jungs in Tracht entgegen. Auf deren »Hoi« entgegnen sie: »Ja, da war wohl jemand fleißig am Mähen!«
Michaela Rogalli

541. Konstanz
Plonk. Plonk. Plonk. Ein Kanu auf dem Bodensee. Drei Frauen im Urlaub. Eine davon komplett ruderuntauglich. Schließlich brüllt die Vorderste: »Ich halte das nicht mehr aus! Ich steig jetzt aus! Und laufe nach Hause!« Ausgestiegen ist sie, allerdings auf der Schweizer Seite des Sees.
Lara Wiedeking

542. Roth
Im Radladen holt eine Dame ihr repariertes Rad ab und sagt: »Na dann kann ich ja jetzt wieder loslegen mit Sporteln!« Der Mann blickt verächtlich auf das abgenutzte Rad, nickt und sagt: »Ja, ein altes Rad ist das beste Fitnesstraining, das man haben kann.«
Nora Reinhardt

543. Leipzig
Am Geldautomaten, ein kleines Mädchen läuft laut lachend durch die Bank. Als es nach draußen gehen will, rennt seine Mutter sofort hinterher und ermahnt es mit den Worten: »Bleib schön hier, Marie, du kannst hier nicht allein nach draußen gehen. Wir sind hier nicht zu Hause in Lüneburg, hier wirst du sofort entführt.«
Benjamin Schiller

544. Nürnberg

Einer der Senioren hat vor Anpfiff verkündet, für jedes Tor der Deutschen ein Bier zu trinken. Auch wenn er nach dem dritten Treffer aufgegeben hat, ist der 82-Jährige nach dem Abpfiff ein wenig angetrunken und in Feierlaune. Er sagt zu seinem Sitznachbarn: »So, und jetzt wird gefeiert. Wir haben freie Damenwahl. Aber die Pflegerinnen gehören mir.«

Sonja Salzburger

545. Hamburg
Ein Mann steht in einer Bank in Nähe der Roten Flora und erzählt seinem Kumpel etwas über die Proteste in den Nachrichten: »Ey, da sagen die zu den Orden von den Polizisten echt Rosette! Ich musste krass lachen – dachte immer, das heißt Arschloch.«
Silke Weber

546. Berlin

An der S-Bahn sitzt ein bekiffter Typ und hört laut 80er-Musik. Er fragt einen vorbeigehenden Mann nach einem Schluck von dessen Bier. Der Mann winkt ab, wirft ihm aber 20 Cent hin und sagt: »Hier, für dein eigenes Bier!« Der Typ überlegt kurz, hält dem Mann das Geld hin und erwidert: »Krieg ich für 20 Cent 'nen Schluck?«

Stefan Birnbaum

547. Mainz

An einer Bratwurstbude, Kunde zur Verkäuferin: »Könnte ich bitte schnell noch eine dritte Wurst bekommen?« Alte Frau im Vorbeigehen: »Schnell habbe die net. Nur teuer.«

Matthias Thiele

548. Passau

Im Kinosaal, kurz bevor Harry Potter anfängt, läuft die Vorschau für einen Fantasy-film. Eine junge Frau sagt: »So was würde ich mir ja nicht anschauen. Ein zehnjähriges Mädchen, das auf einem Eisbären reitet. Total irreal!«

Amelie Zimmermann

549. Chemnitz

Zwei alte Männer unterhalten sich, der eine schwärmt von seinem neuen Hörgerät. Sein Kumpel fragt: »Und was hat das Ding gekostet?« Er antwortet: »Gleich halb sieben.«

Micki Lechner

550. Kiel

Zwei Jungs unterhalten sich: »Ich hab den Job bekommen. 13 Gehälter zahlen die mir. Was kriegst du?« – »Oh Mann, ich bekomme halt nur eins!«

Karl Roth

551. München

In der Alten Pinakothek steht vor dem Ölgemälde »Die Alexanderschlacht« von Albrecht Altdorfer aus dem Jahr 1529 ein Mann mit einem bunten, kleinen Rucksack und seinem Sohn. Die beiden betrachten einige Sekunden lang die umherziehenden Standartenreiter, die eine Burg vor einem Hintergrund wild gezackter blauer Berge belagern oder auch verteidigen. Der Sohn: »Was ist denn das?« Der Vater: »Keine Ahnung. Sieht aus wie der Kampfstern Galaktika.«

Oliver Stolle

552. Würzburg

Zwei asiatisch aussehende Männer, die kein Deutsch können, stehen in einer Drogerie und versuchen, der Kassiererin mit Zeichensprache klarzumachen, was sie suchen. Einer der beiden tippt immer wieder mit dem Zeigefinger auf seine Handinnenfläche, um der Dame klarer zu machen, was er sucht. Nach einer Minute scheint sie es verstanden zu haben, sagt: »Ahhh, ja, in Ordnung!«, und verschwindet kurz. Sie kommt zurück mit einer Tube Gleitgel. Sie lag wohl falsch. Die Männer verlassen empört den Laden.

Ronja Augustin

553. Stuttgart
Eine Kneipe um drei Uhr nachts. Hinter dem Tresen steht ein Terrarium. Frage an den Barkeeper: »Was lebt denn da drin?« Er tritt an das Terrarium heran, schaut hinein und sagt verwundert: »Soweit ich weiß, eigentlich eine Vogelspinne. Aber irgendwie ist die gerade nicht mehr drin.« Er räumt nachlässig ein paar Gläser und Flaschen um, um zu sehen, ob sie vielleicht ausgebrochen ist, sagt: »Na ja!«, und kehrt zur Arbeit zurück.
Katha Wenzel

554. Essen
In der ersten Vorlesung des neuen Jahrgangs im Studienfach Medizin beginnt der Professor mit den Worten: »Heute will ja jeder Idiot Medizin studieren. Damals war ich gefühlt der Einzige in der Stadt.«
Laura Schöner

555. Dachau
In einem Gartencenter steht ein Schild vor einem Beet voller Rosen. Darauf steht in Großbuchstaben: »Bitte nicht berühren!!!« Und gleich darüber: »Jetzt zugreifen!«
Paul Wünsche

DANKSAGUNG

Vielen Dank an alle Leser, freien Autoren und ehemaligen NEON-Redaktionsmitglieder für eure Deutschen Geschichten! Das ist euer Buch. Danke an Philipp Hauner, Martina Kix und Mathis Vogel für das Auswählen der Geschichten. Danke an Jan Lichte, der dieses Buch so wunderbar gestaltet hat. Und Danke an Jessica Hein und Nina Lieke vom Heyne Verlag für die liebevolle Betreuung.

ALLE FOTOS AUS DEM OSTKREUZ-BILDARCHIV

16. Bad Salzungen: Espen Eichhöfer

49. Dresden: Jörg Brüggemann

76. Kamen: Jörg Brüggemann

108. Berlin: Jörg Brüggemann

131 Dardesheim: Frank Schinski

158. Berlin: Julian Röder

185. Brandenburg: Jörg Brüggemann

216. Berlin-Neukölln: Anne Schönharting

238. Heiligendamm: Julian Röder / Protests against G8 summit in Heiligendamm, aus der Serie »The Summits«

265 Kropstädt: Jan Stradtmann

287. Berlin: Julian Röder

313. Berlin-Reinickendorf: Julian Röder

333. Stuttgart: Julian Röder

357. Diera: Anne Schönharting

377. Nürburg: Frank Schinski

401. Bremen-Nord: Anne Schönharting

432. Werben/Elbe: Frank Schirrmeister

451. Wacken: Jörg Brüggemann

481. Berlin-Treptow: Annette Hauschild

502. Berlin: Julian Röder